やりたいことを今すぐやれば、人生はうまくいく

有川真由美

PHP文庫

○本表紙図柄＝ロゼッタ・ストーン（大英博物館蔵）
○本表紙デザイン＋紋章＝上田晃郷

まえがき

私たちは、どこに向かって歩いてもいいのです。

世界中が新型コロナウィルスのパンデミックに戸惑うなか、「これからどう生きていったらいいのか？」と考え始めた人も多いようです。

どれだけ人生設計を立てていても明日はなにが起きるかわからない、いつ命の危機に晒《さら》されてもおかしくない、社会のありようはどんどん変化していく……そんななかで、自分にとって本当に大切なことを考えざるを得なくなったのです。

今、この本を手に取ってくださったあなたは、やりたいことを見つけてこれから前に進もうとしている人かもしれないし、踏み出すかどうか迷っている人かもしれません。まだ行きたい方向が見えない人かもしれません。

そんなあなたに、「やりたいことを今すぐやる」ということが、これからの人生をいちばん輝かせてくれることをお伝えしたくて、この本を書きました。

人生に決まった道はありません。

絶対に安全な道、トクする道、幸せになれる道というのもありません。

自分はどこに向かいたいかをハッキリさせて歩いていく人だけが、欲しいものを手に入れられるしくみになっているのです。

「やりたいことを今すぐやる」ということは、自分を幸せにする習慣でもあります。まわりに流されるのではなく、自分の心に忠実に生きることで、あなたは、一つひとつの思いを叶え、たくさんの喜びと自信を積み重ねて、自分自身を生きていると実感できるようになるでしょう。

あなたが自分の人生を大切にしたいなら、最期《さいご》に「あれをやっておけばよかった」「あの夢に挑戦すればよかった」と後悔するような生き方はしてほしくないのです。やりたいことを、すぐにやらなければ、せっかく生きているのにもったいないいないじゃありませんか！

この本を読んだあなたは、やりたいこと、本当に大切にしたいことが、少しずつハッキリとしてくるはずです。そして、動き出したくなるはずです。

やりたいことを、今すぐにやれば、当然それは実現するというしくみを、身をもって証明することになるでしょう。

一歩を踏み出すことで、あなたの未来が明るくなり、あなた自身が伸び伸びと変わっていくことをお約束します。

二〇二〇年十一月

有川真由美

やりたいことを今すぐやれば、人生はうまくいく

contents

第1章 あなたは「やりたいこと」を実現できる

第2章 「やりたいことをやること」は人生の最重要課題です

第3章 あなたは「やりたいこと」を実現する力がある

第4章 あなたには「一歩」を踏み出す力がある

第5章 「大事ではないこと」に時間をかけない

第6章 やることをやっていれば奇跡は起こる

第7章 あなたは、なりたい自分になる

第1章

あなたは「やりたいこと」を実現できる

01

「やりたいこと」を先のばしするのは、なぜ？

あなたは、こんな人ではありませんか？

本当は、やりたいことがある。

そのために、行動を起こさなきゃいけないこともわかっている。

こんな生活を続けていても、望む未来はやってこないことも、わかっている。

わかっちゃいるけど、今日もまた、いつもと同じ一日を過ごしてしまった。

……と、ぐずぐず踏ん切りがつけられないことが多い。

または、資格をとりたい。ランニングもしたい。家族との時間をもちたい。旅行もしたい。いろいろとやりたいことはあるけれど、日々の雑多なことに追われて忙しく、なかなか時間がとれない。

……と、だらだらと流されてしまう。

今日、かならず実行しようと決めたことがある。でも、あれこれ考えているうちに、だんだん面倒になってきて、適当な言い訳をつけて、「ま、明日でいっかー」。

……と、ついつい先延ばしにしてしまうことも。

「やろうと頭で考えてはいるけれど、気持ちがついていかない」「なかなか行動に移せない」ということは、どんな人にもあるでしょう。

そして、行動できない原因を「私は意志が弱いのだ」と〝意志〟のせいにしていませんか？

しかし、行動に移せないのは、意志が弱いからではありません。

「感じていること（感情）」と「考えていること（思考）」と「やっていること（行動）」がバラバラだからです。

幼い子どもは、興味のあることにまっすぐ向かっていきます。触ってみたいものに手を伸ばし、好きな絵本やおもちゃに熱中し、好きな人には思いっきり笑顔になり、走り回ったり、大泣きしたりして、全力で動きます。

そして、疲れたら眠って、元気を取り戻したら、また動き出します。

これは、思考がそれほど発達していないために、おもに感情のおもむくままに行動しているから。「感情」と「思考」と「行動」が一直線上にあるので、さくっと、伸び伸びと動けるのです。

成長するにつれ、思考する力を身につけ、情報量が増えてくると、まわりとの折り合いをつけたり、先のことを考えたりしながら動くようになりますが、それゆえに動けなくなることもあります。

頭では「動こう！」とアクセルを踏もうとしても、感情がなにか別の情報に反応して、「嫌だよー」「怖いよー」「面倒くさいよー」とついていかず、ブレーキをかけているのです。

動けない自分を「なんて意志が弱いの！」「やればできる！」と叱咤激励して

も、感情はなかなか変わってくれません。
「なんてダメな自分……」と自分を責めているうちに、すっかり自信をなくしてしまうこともあります。

いずれにしても、自分の行きたい方向に動いて、幸せを感じたり、成長したりする核になっているのは、私たちの喜怒哀楽といった原始的な「感情」です。「感情」はよくも悪くも、とてつもないパワーがあるのです。

優れた発明も、世界の文化も、経済も、政治も、なんらかの強い感情が動かしてきたもの。逆に、私たちの悩みの多くは、感情に振り回されることによって起こるものです。

私たちが「感情」の力を味方にするためには、「思考」と「行動」の力が必要不可欠です。「思考」と「行動」にプラスの影響を与えることで、感情も変わり、「感情」「思考」「行動」が一致していくのです。

だから、心にブレーキがかかったときは、「ダメじゃない！」とそれを否定したり、見ないフリをしたりするのではなく、「まぁ、そうなるよね」とその感情を認めることが始まり。そこから「では、どうしましょうかね？」という発想になります。

「感情」と「思考」と「行動」を一致させてはじめて、行きたい方向に進んでいくことができます。

第一章では、その方法についてお伝えしていきましょう。

02

「感情」「思考」「行動」を一致させると、ものすごい力になる！

私たちが人生をすばらしいものにするための力は、すでに備わっています。

それは、「感情」「思考」「行動」という3つの力です。

「気分よく（感情）、納得して（思考）、動く（行動）」という3つの力が合わされば、自分の可能性を存分に引き出して、本当に欲しいものを手に入れることができるのです。


私たちは、「感情」「思考」「行動」を一緒にして考えてしまいがちですが、じつは、それぞれが独立した存在です。

そのため、こんな現象が起こります。

「なぜかわからないけど（思考）、やる気が起きず（感情）、ダラダラしてしまう（行動）」

「楽しそうだけど（感情）、あれこれ考えると（思考）、不安になって（感情）、一歩を踏み出せない（行動）」

「言われたことをやってはみたけど（行動）、納得できず（思考）、モヤモヤする（感情）」

……というように。

「感情」「思考」「行動」がバラバラなので、すんなり行動できないのです。

「感情」は馬、「思考」は御者、そして「行動」は馬車だと考えてみるといいでしょう。少し整理しますね。

- 「感情」（馬）：無意識にわいてくる喜怒哀楽、気分などの力
- 「思考」（御者）：じっくりと意識的に考える力
- 「行動」（馬車）：やりたいことを行動に移す力

「感情」という馬は、嬉しかったり、楽しかったりすると、気分よく進みますが、少々、怖がりな面もあります。危険そうなものを見つけると、途端に動かなくなったり、暴走したりします。

感情は、危険を察知するための力を発揮することがある一方、〝勘違い〟をすることもあります。

本当はなんでもない小動物が、大きな猛獣に見えたり、行く手がものすごく長く険しい道のりに見えたりして、「嫌だよー」「怖いよー」「しんどいよー」と拒否反応を起こすのです。

そこで、賢い御者の登場です。

「いやいや、そこは怖がるところじゃないでしょ」「〜すれば、大丈夫だから」「あそこまで行ったら、素敵なことがあるよ」と、馬の手綱をやさしく引いてあげるのです。

「とりあえず、動いてみない？」と、動き始めると、馬の気分が変わってくることもあります。いつの間にか、不安な気持ちは忘れて、ご機嫌に走っていることもあるでしょう。

私たちは日常的に、たびたび賢い御者になっていることがあります。

「雨が降って憂鬱《ゆううつ》な気分。今日は仕事に行きたくないなぁ」と思っていても、「そうだ。ランチはあの店に行ってみよう」と楽しいことを考えたり、「とりあえず、支度をしよう」と動いているうちに、仕事モードのスイッチが入っていたりします。

「新しい仕事をやれるかどうか不安だったけど、まわりにサポートしてもらおうと考えたら、気がラクになった」「とりえずやってみたら、案外、うまくいった」ということもあるはずです。

「思考」と「行動」の力を利用することで、「感情」の力がパワーアップして、すんなり動けるようになるのです。

03 「心のブレーキ」を外すためには〇〇に目を向けること

やりたいことがあっても、「一歩を踏み出せない」「気力がわかない」「すぐにあきらめてしまう」というのは、心になんらかのブレーキがかかってしまうから。

「心のブレーキ」とは、人間が危険を察知するために備わった感覚的なセンサーです。これが健全に働くと、「今はやめておいたほうがいい。状況が整ってからにしよう」「ちょっと待て。あの人の言動はなんとなくおかしい」など、賢く判断をするのに役立ちます。

しかしながら、このセンサー、前項で述べたように誤作動を起こすこともしばしばあります。

そもそも人間は、ネガティブなことに目が向きやすいのです。

やりたいことがあっても、「きっとうまくいかない」「みんなに失望されるかも」「なんだか大変そう」とネガティブな情報に目を奪われて、ブレーキをかけてしまいます。

では、どうすれば、心のブレーキを外せるのでしょうか。

一つは、ブレーキをかけているネガティブな〝感情〟に気づいて、手を打つことです。

「やりたいことがあるけど、なかなか……」とブレーキがかかっているとき、じつは心の奥には「やりたくない」という思いもあるのではないでしょうか。

人はネガティブな情報を受け取った瞬間、「やりたくない」という思いが芽生えます。そして5秒もあると、「それを叶えることが難しい理由」をあれこれ考えついてしまうのです。

つまり、心の中には「やりたい」と前に進もうとする力と、「やりたくない」と今を保とうとする力が存在して、アクセルとブレーキを同時に踏んでいるのです。

「やりたくない」という方向に目を向けると、「前も失敗したから」「友人から、やめたほうがいいと言われたから」「このままでもいいではないか」など、ブレーキをかける材料がいくらでも集まってきます。

しかも、そんなときは、さまざまな情報をネガティブに解釈してしまっています。

「失敗したから、うまくいく方法を学んだ」「友人から忠告されて、気をつけるべき点がわかった」「このままでもいいけど、一歩を踏み出したらもっとよくなる」など、ポジティブに解釈することもできるのに。背中を押してくれるような出来事があっても、そこには目が向かなくなってしまうのですね。

ある大学で、「自分は運がいいと思う人」と「自分は運が悪いと思う人」に対して、「どちらがくじに当たりやすいか?」とくじ運を試す実験をしたといいます。

結果はどうだったと思いますか?

くじが当たる確率は、どちらも同じ。つまり、いいこと、悪いことが起こる〝運〟の確率は同じでも、どちらに目を向けるかで解釈はちがうということです。

ただし、運（チャンス）に気づきやすいかどうか、それにどう動くか、日頃、どう動いているかで、運気は変わってくるでしょう。


人は、見たいものしか見ていないのです。

失恋がトラウマになって「もう恋なんかしない」と臆病になる人もいれば、失恋を学習したから「つぎはもっといい恋ができる」とさらに前進する人もいます。

やりたいことを「お金がないから」「時間がないから」とあきらめる人もいれば、「お金も時間もなくても、やれることはたくさんある」となんとかしようとする人もいます。

起きている出来事や情報は無色透明で、それに色をつけているのは自分自身。

ネガティブな出来事があっても、それ自体に私たちを支配する力はありません。

それを怖がる感情に私たちが支配されていることがわかれば、きっと不安から解放されるはずです。

「ポジティブになろうよ」と頭をお花畑にするのではなく、「やればできる！」と気合いを入れる必要もありません。

恐れる感情は脇に置いて、「できる方法もあるんじゃないの？」と現実を見つめることで、心のブレーキが外れやすくなります。

あなたを支配している「できない」「うまくいかない」というネガティブな〝思い込み〟に気づいたら、「できないってことはないよね？」「うまくいくこともあるよね？」と思い直してみてください。

すると、私たちは「できる理由」と「できる方法」を全力で考えるようになります。「できる」を選択すると、「これまでなんとかやってきたから、これからも大丈夫」「まわりの人も助けてくれる」など、自分をサポートしてくれる情報が集まってきます。

すぐには答えがでなくても、「できる」という目的地から目を離さずに考え続けていれば、パーッと見通しが立って、すっと行動に移せることがあります。

または、見切り発車でも動いているうちに、「あ、いける」と確信に変わることがあります。

これは、「感情」「思考」「行動」が一致したということです。

心のブレーキは、「なにに目が向いてしまうか」という心のクセなので、すぐに、すべてが外れるわけではありません。が、少しずつ外して、自信をつけていくヒントもお伝えしていきましょう。

04

他人の目に鈍感になって、自分がやりたいことを素直にやる

やりたいことがあっても、「人の目」がブレーキになっているということは多いものです。

人には多かれ少なかれ「認めてほしい」という承認欲求があるものですが、「嫌われたくない」「失望されたくない」「ダメな人だと思われたくない」など、まわりの目を気にしすぎると、伸び伸びと行動できなくなります。

まわりに合わせて振舞うちに、自分がなにをしたいのかさえわからなくなることもあります。

私も、20代、30代のころは、今となってはあきれるほど、人の目に右往左往しながら生きてきました。

自分に、自信がなかったこともあるでしょう。

みんなが認めてくれるような会社に就職して事務職に就いたものの、あまりにも退屈で、苦痛で半年で退職。その後、転職をするたびに「そんなことで辞めるなんて」「どこも似たようなものだから辛抱するべき」などと言われて、ちいさくなっていました。

〝ムラ社会〟のような職場に転職するたび、「こんなことしたら、どう思われるのか」「こんなことを言ったら、否定されるのでは」と、〝出る杭〟にならないよう、ひたすら自分を押し殺して縮こまっていました。

挑戦したいことがあっても「失敗するのが怖い」というより、「失敗したと思われるのが怖い」と踏みとどまったほどですから、かなりの重症だったのでしょう。

でも、40歳が近づいてきたとき、ハッキリとこう思ったのです。

「この年代は二度とやってこないのに、やりたいことをやらないともったいない！」

そこで、「東京に出て物書きになる！」と宣言。まわりからは「今さら？」「そろそろ落ち着こうよ」などと言われましたが、そんなことはどうでもよかった。ただ、「やりたいことを今やらなきゃ！」という気持ちに突き動かされていたように思います。

勇気や希望といった明るいだけのものではありません。

自分の人生は自分のものなのに、一回しかないのに、自分を試さずに時間が過ぎていくことが、どうしようもなく苦しかったのです。

振り返って思うのは、あのとき、動き出して本当によかった、ということ。本を書く立場になれたからよかった、ということだけではなく、そこに至るまで、貧乏になったことも、しんどい思いをしたこともあったけど、「やめておけばよかった」と思ったことは一度もありませんでした。

どこを切り取っても「やりたいことをやっている」という満足感、充実感があって、それは、一つの誇りになっているのです。

そして、もう一つ、つくづく思うのは、自分をしばっているものは、本当はなにもなかった、人の目を気にする自分自身だったということです。

なにかをしたとき、「いい」と言う人もいれば、「よくない」と言う人もいる。

だから、みんなに「いい」と言ってもらえないのは、当然なのです。

人からどう見られるかよりも、自分自身がどうしたいか、どうありたいかを実現することに、自分を生きているという実感がわくはずです。

自分以上に自分のことを真剣に考えて、自分を幸せにできる人はいないのですから、自分が満足して、自分が納得すれば、それでいいではありませんか。

自分を犠牲にして、まわりに合わせても、だれも幸せにはなりません。

やりたいことをやって、人の力になれたとき、本当の意味で人の幸せに貢献できると思うのです。

05

「安定」するために、動き続ける

やりたいことをやれないブレーキになっているのは、「安定を求める気持ち」ということが少なくありません。

たしかに、やりたいこと、好きなことをやっている人は、自由でいいとは思うものの、収入が不安定で、なかなか結婚もできない、家ももてない、社会的にも信用されない……といったイメージがあります。

とくに先が読めない、将来に悲観的な空気がある時代は、「安定志向」に走る傾向があるもの。若者も、中高年も多くは、口々に「安定した企業で働きたい」「安定した収入がほしい」「安定した資格がほしい」と言って、やりたいことなど考える間もなく、ともかく、〝安定〟を目指します。

女性のなかには「結婚して安定を得たい」という人もいるかもしれません。

しかしながら、なにかに依存しているかぎり、けっして安定は得られないのです。

安定を求めるとき、「企業」「収入」「資格」「結婚」といったものを、ゆるぎないものと思っているものですが、はたしてそうでしょうか。

ここ数十年を見ても、世の中のありようが大きく変わってきていて、今、安定していると思っていたものが、1年後、いえ、明日にはガラリと変わって、不安定になるのは、よくあることです。

また、そこにずっととどまろうと思ったら、理不尽な働き方や、人間関係の摩擦で逃げ場のない状態に陥ることもあります。

安定を求めると、つねに不自由さがついてまわるのです。

では、予測のできない時代のなかで、安定などないのでしょうか。

絶対的な安定はないにしても、安定感を保とうとする究極の方法は、やりたいことを究めて「求められる個人」になることだと思っています。

たとえば、母の世話をしてくれるヘルパーさんのなかに、「この人に来てもらいたい」という女性がいます。

介護の仕方や、食事のつくり方、コミュニケーションなど技術的なことだけでなく、すべてに心がこもっていて、私たち家族まであたたかい気持ちになるのです。

おそらく、彼女は、あちこちの家庭でも求められていて、ほかの場所に行っても、求められ続けるでしょう。

また、ある友人男性は、数十年、働いていた大企業の地方拠点が閉鎖、千人あまりが失業するなか会社にとどまり、都市部に単身赴任したものの、つぎは所属していた事業部が海外企業の傘下に。

「まさか、こんなことになるとは。明日はどうなるか、本当にわからない」という彼は、週末に子どものポートレートを撮って、その写真をインスタグラムにあげています。「交通費も撮影代も無料。欲しい写真があれば買ってください」というスタンスです。

しかし、この写真、親でなくても感動してしまうほど魅力的。動画まで作成してくれるので、全国から依頼が絶たず、十分な収入を得ています。

だれでもスマホで簡単に写真が撮れる時代だからこそ、だれにでも撮れないプロの写真は価値があるのでしょう。

彼は、好きなことをやっているから熱中できて、「会社をいつやめてもいいように準備している」と楽しそうに言います。

やりたいことは、それが仕事になるかどうかにかかわらず、一度はやったほうがいいとは思いますが、それで生きていきたいと思うなら、求められる価値をもつ必要がでてきます。

今はチャンスの時代なのかもしれません。

インターネット環境があれば、世界中の人とつながれるのですから。

たとえば、心理カウンセラーになりたいと思ったとき、山ほどいるカウンセラーのなかで頂点を目指すことも一つの方法ですが、「発達障害の親のカウンセラー」「手話のできるカウンセラー」など、自分ならではのものがあることで、唯一無二の存在になれます。

本当の安定とは、安定しているように見えるものにしがみつくことではなく、どんな状況になっても生きていくこと。

どんな仕事であっても「あなたにお願いしたい」と求められる人になれば、それは可能です。「貢献できる人」は、つねに居場所が見つかるのです。

先の見えない時代だからこそ、生きたいように生きたほうがいい。

どのみち、まわりの環境は変化していくのですから、それに合わせてなにかしら自分も変化していく必要があります。

ならば、やりたいことをやって変化したほうが楽しいではありませんか。

06

「心のブレーキ」を外すために、とりあえずやってみる

ゆたかな人生を送っている人、ぐんぐん成長していく人に共通する大きな特徴は、「とりあえずやってみよう!」という精神です。

「とりあえず、やってみよう」というより、「とりあえず、やるしかない」と動いていった友人夫婦がいます。

最初は、自然と触れ合いたいと山の中で暮らしていたものの、子どもが成長するにつれて仕事や塾通いで忙しくなり、「このままでは、理想とする家族の時間がもてない」と、海外の南の島に移住。一家6人、月3万円の生活費で数年間、暮らしたといいます。

テレビやゲームもないなか、毎日、釣りやトランプをして家族の時間を十分に

もてたものの、「このままでは、子どもたちはこの島でしか生きていけなくなってしまう」とアメリカ移住を決意。

夫が大学院に入学してビザを取り、研究室などのアルバイトをし、のちに教授になって、子どもたちはアメリカの大学を卒業しました。

今は、アメリカに東京ドーム10個以上の山を買って家を建てていて、妻は「夫がこの家を実現してからでないと死ねないとまで言うから、つき合うしかない」と、一緒に夢を楽しんでいます。

2人がいつも子どもたちに言ってきたのは、こんなことだったといいます。

「なにかをやるときに、自分の〝枠〟をつくってはいけない。自分はこの程度だから、こんなことならできると、できる範囲の枠のなかで考えるのではなく、こんなことがしたい、そのためにはどうすればいいかと動きながら考えれば、大抵のことはできてしまうんだよ」

その教えのおかげか、子どもたちはミュージシャンや服飾デザイナーなど、それぞれの分野で活躍しています。

とりあえず動いてみる力は、自分の壁を突き破って、可能性を広げていくのです。

動く力の偉大さは、あとでお伝えしますが、ここで伝えたいのは、「感情」と「思考」があるから、「行動」が生まれるのではなく、「行動」するから、「感情」と「思考」が生まれるということです。

たとえば、ちいさいことでいえば、ズーム飲み会や、オンラインセミナーに「やってみたいとは思うけど……」となかなか行動に移せない人と、「とりあえず、一回やってみよう」とさくっとやってしまう人がいます。

心にブレーキがかかって行動できない人は、不安要素が払拭されないと、前に進めないもの。本気でやる気になったり、よく考えて安心したり……と「感情」と「思考」が整ってから、重い腰をあげるのです。

「石橋を叩いて渡る」というと聞こえがいいですが、石橋を叩きすぎて「もういいや」と自滅したり、せっかくのチャンスを逃してしまったりします。

対して、とりあえずやってみる人は、不安要素はいくらかあっても、「うまくいったらラッキーだけど、当然、うまくいかないこともある」と〝賭け〟の要素をもちつつ進むのです。

やり始めると、うまくいくかどうかはともかく、〝恐れ〟はなくなります。

私も先日、恐る恐るズーム飲み会に参加してみたのですが、意外に楽しかった。

ただ、すべていいということでなく、「一人しか発言できないから、大人数の飲み会は私には合わないかも」と気づきました。そこから、つぎは少人数のズーム飲み会に参加したり、オンラインセミナーへのハードルが低くなって参加したり……とつぎの行動が生まれてきます。

石橋を補強しながら渡っていくような感覚です。

つまり、ちいさな一歩を踏み出すと、「思考」「感情」「行動」が同じほうを向いて更新されるのです。

どれだけ頭で考えても、完ぺきに考えることはできなくて、やってみないとわからないことばかり。少し進めば、「自分はなにが足りないのか」「つぎはなにをするべきか」もわかってきます。

「苦手だと思っていた仕事が、やっているうちに面白くなってきた」「自信がついた」というのも、よくある話。動いているうちに、可能性が広がっていくのです。

もちろん、やってみて「自分には合わないから、やめよう」とか「路線を変更しよう」といったこともあります。

それでも「やりたいことをやった」という満足感、納得感は残ります。一つの「やりたい」にケリがつけられます。「あのとき、やっていれば……」と後悔するのは、結果が出ていなくて、いつまでもケリがつけられていないからです。

人生のゆたかさというのは、喜怒哀楽の総量のようなもの。動いている人は、日々の生活のなかで怒りや悲しみもいくらかは経験するけれど、何倍も多くの喜びや楽しさを味わう人ではないでしょうか。

第2章

「やりたいことをやること」は人生の最重要課題です

01

やりたいことをやることは、幸せであるためになにより重要

「やりたいことは、今すぐにやったほうがいい」というのは、それが人間の自然で原始的な欲求であり、喜びだからです。

私たちは、人生というものを複雑に考えてしまいがちですが、本当は、もっとシンプルなものではないかと思うのです。

食べたいものを食べる。見たいものを見る。聞きたいものを聞く。行きたいところに行く。会いたい人に会いにいく。学びたいことを学ぶ。やりたいことをやる……と、自分の欲求に従って動いていくだけではないかと。

「食べたいものを食べたい」という欲求と、「中世の骨董品を集めたい」「山の中のポツンと一軒家で暮らしたい」「政治家になって、この国を変えたい」といった欲求は、段階や難易度は違っても、本質的なものは同じ。自分の行きたい方向

に動いているだけです。

ただ、第1章で書いたように「それをやってなにになるのか?」「うまくいくのか?」「人はどう思うか?」「欲ばりすぎでは?」などと考え始めると、複雑になって、ブレーキがかかります。やりたいこと以外のことに必死になることもあります。

人間社会のなかで生きる以上、合わせることも、やらなければならないこともでてきますが、「やりたいこと」は、人生にとって、なによりも最優先の課題なのです。

死ぬ直前に後悔することで、いちばん多いのは、「自分の人生を生きなかったこと」といいます。つまり、やりたいことをやらなかった、ということ。

「他人に期待された人生ではなく、自分の心に忠実な人生を送る勇気があればよかった」「そんなに働かなければよかった」「自分自身を幸せにしてあげればよかった」といった後悔があるのは、本当はそうできたはずなのにしなかったからでしょう。

私が取材してきた人のなかに、死と隣り合わせの壮絶な経験をした人たちが何人かいます。

その後、どんなふうに生きているか？　というと、共通しているのは、「やりたいことを、思いっきりやっていること」です。それも、心から楽しそうに。

交通事故で全盲になった元デザイナーの男性は、「新しい人生を生きている」と言って、鍼灸師の資格をとって開業。自分のサロンで料理教室や映画の上映会も開き、盲導犬との海外一人旅、空手、サーフィン、サッカー、ボクシング、パントマイム……と、つぎつぎに新しいことに挑戦しています。

ウルグアイの女性副大統領、ルシア・トポランスキーさんは、20代から40歳を過ぎるまで政治犯として、収監されていました。拷問を受けながら、多くの仲間が亡くなっていったといいます。

ルシアさんが解放されたあとに目指したのは、やはり政治の道でした。

幼いころから「貧困で苦しむ人をなくしたい」という思いをずっと抱えてきた

のですから、やらずにはいられないことだったのでしょう。

誤解を恐れずに書くと、私自身は「人生は、私たちに与えられた一回だけの夏休み」だと思っています。宿題もない。どんな遊びをしてもいい。人に大きな迷惑をかけなければ、なにをしてもいい。あれこれやりたいことをやって最期に「あー、楽しかった！」と思えたら幸せではないかと。

仕事というのも、ほかにないというほど夢中になる遊びで、執筆も「書きたい」と思わなければ、書く意味もないと思っています。

それで、だれかの役に立てるなら、これ以上の喜びはない。いえ、「だれかの役に立ちたい」という思いのほうが先で、そのために「書く」という手段を見つけた、ということです。

人生でいちばん大切なことは、大切なことを大切にすること。楽しむこと。喜びを感じること。「やりたいこと」を人生や毎日の生活の軸に置くだけで、なにかが動き始めるはずです。

02 やりたいことをやる道のりには、たくさんの〝快感〟がある

なにかに挑戦することには、大きな喜びがあります。

理屈じゃなく、「気分がいい」のです。


ある日、友人の、小学校4年生になる娘が、いくつかの検定試験の申込書をもってきたそうです。

「お母さん、この資格、全部、とりたいんだけどいい？」

見ると、「国連英検」「ＨＳＫ（中国語検定）」「数学検定」……。

「なんで？」と、友人が聞くと、

「チャレンジしてみたいから」

「それだけ？」

「それだけじゃダメ？」

「ダメじゃないけど、なんでチャレンジしたいの？」

「お母さんもお仕事でチャレンジするの、好きでしょ？」

なるほど。友人は人材派遣会社の社長として、つぎつぎと新しいことにチャレンジしている人。その姿を見て、娘も「私もなにかにチャレンジしてみたい」と思ったのでしょう。

実際、難しい問題集と格闘しながら、数か月後には、国連英検のC級、D級のダブル受験を果たしたとか。

あなたにも、これまで、そんな素直な「やってみたい」「自分の限界を超えてみたい」という気持ちがあったのではないでしょうか？

人は本来、〝快感〟のあること、つまり、気分のいいことしかしないものです。

私のまわりにも、そんな〝快感〟を目指して進んでいく人たちがいろいろ……。

リオのカーニバルで踊ることを目指してサンバを練習している人、ベランダで自家栽培の野菜をつくる人、自転車で日本一周する人、自分で自分の家を建てる人、中高年になってから語学や楽器にチャレンジする人などなど。

ちいさなことでいえば、部屋の模様替えをすること、知らない街を探検すること、趣味の教室に通うことも、一つのチャレンジかもしれません。

それらは、自信になるとか、自慢できるとか、いっしょにやる仲間ができるとか、不純な動機もいくつか混じっているかもしれませんが、心の奥に、理屈ではない「それをしたら楽しい」「あんなことができたらうれしい」というワクワクした〝快感〟があるからでしょう。

人は、なにかを手に入れた瞬間より、それを手に入れられると思った瞬間のほうが、より大きな〝快感〟があるといいます。

希望をもつことも、一つの〝快感〟。夢中になることも、一つの〝快感〟です。なにかを達成することも〝快感〟、まわりの人と助け合ったり、一緒に喜んだりすることも、一つの〝快感〟です。

困難なこと、面倒なこと、辛いことがあっても、その道のりのなかには、たくさんの〝快感〟があるから進めるのです。

「今日は、こんなことができた」

「やってみたら新しい発見があった」

「もしかしたら、こんなこともできるかも」……

そんなふうに、日々、ちいさな喜びを感じることで、生活は充実していきます。

私が「旅」を費用対効果が高い娯楽であり、自己投資だとおすすめしているのは、「そうだ。旅に出よう！」と思った瞬間から、ワクワクとした〝快感〟が生まれます。仕事が少々ハードでも「週末は旅に出る」と考えたら、がんばれます。

旅をしている間、美味しいものを食べたり、いい景色を見たりして、たくさんの〝快感〟がありますが、帰ってきてしみじみ思い出すのも〝快感〟。

家族や友人と写真を見ながら「あのとき、こんなことがあったね」と思い出を共有する〝快感〟もあります。

ときどき「自分は今のままで十分幸せ」「とくにやりたいことはない」という人がいます。毎日の生活に満足していたら、動き出す必要もないでしょう。

刺激を求めるだけでなく、日々の生活のなかから喜びを感じ取っていく幸せもあります。それは、どんなに刺激を求める人でも、大切なことです。

でも、「求めてはいけない」「無欲に生きたほうがいい」と自分に言い聞かせているなら、自分を偽っているということかもしれません。

とくに若い年代は、エネルギーがあって、じっとしていることに満足はできないはずです。いえ、年を重ねても、いくつになっても生き生きとしている人は、自分の欲求に素直に動いている人です。

私は自分を「欲深い人間だ」と認めてから、求めていくことに躊躇《ためら》いがなくなりました。求めてしまったばかりに、しんどい思いをしますが、手がかかるほど、満足は大きいのです。

もし、あなたが「やってみたい」ということが芽生えたら、ちいさなことでも、一つ、叶えてあげてください。

「なんのために？」

理由なんてなくていいのです。

ただ、「いい気分」を味わえたら、それで十分じゃありませんか。

でも、本当は、あなたのなかで、なにかが変わっているはずです。

ちいさな自信になったり、自分を少しだけ好きになったり、なんとなく未来が明るく感じられたり……。

それはとてもちいさな変化だけれど、明日を生きる力になっているのです。

03
たくさん失敗する。思い通りにならない。それがいい

ある物理学者から、こんな興味深い話を聞きました。

「学者は、実験をするとき、多くの人が思いつきそうな仮説を立てて進めるが、大抵、3回は失敗する。優れた学者は、失敗すると、手を叩いて喜ぶ。これで、人とはちがう自分だけの仮説を立てられると。天才でも2回失敗して成功にたどり着くが、凡人は3回失敗しなければ成功できない。でも、3回失敗すれば、だれでも2回失敗した天才に追いつくんだよね」

なるほど、と膝を打って深く納得。いくつかの教訓を得たのでした。

一つ目の教訓は、「こんなことをしたい」「あんなふうになれるはず」という

〝仮説〟があるから前に進めるということ。

二つ目の教訓は、自分の予測は現実といくらかちがっていること。

三つ目の教訓は、うまくいかないたびに、自分なりの方法を見つけたり、新しい目的地が見えたりしながら、最後はうまくいくことです。

「あんなすごいことは、才能のある人だからできる」とあきらめるのではなく、凡人でも何度か失敗するうちに、可能になることもあるということです。


やっているうちに、前の仮説とはちがう別なところにたどりついた、ということもあります。

白状すると、私は、物書きになろうと上京した当初、ジャーナリストになるつもりでした。国内外で取材して新聞や週刊誌に記事を書く機会を与えてもらったものの、つくづく思ったのは「これは、私の手に負える世界ではない」ということ。政治や経済の記事を書いていくには、私がもっている道具では歯が立たない、と感じたのです。

暗中模索をしているなかでふと、「もしかしたら、働く人を応援する本を書けるのでは」とひらめいたときの体が震えるような感覚は、今でもはっきりと覚えています。自分以上に多くの働く現場を見てきた人間はそうはいないから、だれかの役に立てるはずと、ふたたび新たな〝仮説〟を立てて、また動き出しました。

今、振り返ってみると、「まさかこんな場所にたどり着くなんて」という自分でもびっくりする展開ですが、最初に立てた仮説よりも、ずっと喜びは大きいものであったと思います。

人生というのは、壮大な実験のようなものかもしれません。

仕事も遊びも、結婚も恋愛も、一つの仮説を立てて、ダメだったら、それを手がかりにつぎの仮説を立てる……の繰り返しで、自分が本当にやりたいことに近づいていきます。

予測通りにはいかないから、人生は面白い。いろいろと間違って、「こうすればいいのでは」「あんな道がある」と自分なりのコツをつかみながら、自分の幸せを見つけていくのが人生の醍醐味なのでしょう。

好きこのんで、失敗や挫折をするわけではないからこそ、それは大きなギフトといえるのかもしれません。その真っただ中にいるときは気づかなくても。

香港に旅行したとき、おどろき、感動したことがありました。

それは、ほとんどの男女に恋人がいるという状況。

正確なことはわかりませんが、何人かに聞いたところ、大げさなことではないようです。香港在住の友人が、つぎのように教えてくれました。

「日本では、この人には彼女（彼氏）はできないだろうと思うような人であっても、みんな、ちゃっかり恋人がいて、仲よさそうにしているの。彼らは、気になる人がいたらすぐにアタックして、ダメだったら、しょうがないと、つぎに行く。そんなことを何度もやっているうちに、自分がどうすれば恋人ができるか、どんな人が合うか、わかってくるのよね」

つまり、動いていれば、そのうち、結果はついてくるということ。

いちばんよくないのは、やりもせずに「どうせダメだから」とあきらめたり、人のやっていることを非難したりすることです。

自分のことに夢中になっていれば、人のことは気にならなくなります。うまくいかなくても、大したことにはなりません。

自分だけの実験をやっていきましょう。どんどんやりたいことをやって、どんどん失敗して挫折して、また立ち上って進んでいこうではありませんか。

04 やりたいことを、「今すぐ」にやったほうがいい理由

もし、あなたがやりたいことがあるなら、「今すぐ」やったほうがいいというのは、そのときがいちばんのベストな〝タイミング〟だからです。

よく中高年で「定年退職したら、農業をしたい」とか「キャンピングカーを買って、釣りに行きたい」なんて人がいますが、それは〝今〟はできないことなのでしょうか。

「定年後にやる」と言っている人は、すっかり熱が冷めていても、方向転換もできず、「これが自分のやりたいことなのだ」と自分に言い聞かせるようになります。

いざやろうとしたときには、すでに体力がなかったり、人脈が切れていたりして、時間やお金があっても、できないことになっていることもあるはずです。

そんな人生、もったいなくありませんか？

時間やお金が整っていなくても、週末に家庭菜園をしたり、釣りに行ったりしていれば、定年のときは、「もう散々やったから、今度はつぎのことをやろう」となるかもしれません。

定年後に夢を叶えている人というのは、そのためにずっと動いてきた人たちです。料理の店を開いた人は、週末に修行に行ったり、食べ歩きをして研究したり。山の中にポツンと一軒家をつくった人は、時間が少しでもあると、どの山がいいかと物色しに行ったり、その方法を研究したり。「動かなければ」というより「動かずにはいられない」という熱い気持ちで動いています。

若い人でも、「老後のために貯金する」「時間ができたら○○をする」と、やりたいことを先延ばしにしている人がいますが、本当にもったいない。

今、やりたいことをやって、新しい経験をすることや、なにかの挑戦をすることと、興味のあることを学ぶことが、これからを生きていく武器になるというのに。

人は多くの場合、「なにをやってきたか」で信頼を築き、人とつながります。エネルギーがある年代、失敗が許される年代、人の懐に入っていける年代になにもしないというのは、いい道具をもっているのに使わないのと同じです。

20年近く前に『死ぬまでにしたい10のこと』という映画がありました。若い女性が余命２か月の宣告を受けて、ノートに「死ぬまでにしたいこと」のリストを書き出し、秘かに実行していく……というストーリーです。

当時、私がマネしてつくった10のリストを、数十年後に見つけて、大きな衝撃を受けたことがあります。

「世界一周をする」「両親を海外旅行に連れていく」「カンボジアに学校を建設する」「店を開く」など、当時の熱い思いが書かれているのですが、「もうとっくにやったよ」というものもあれば、「もうできない」というものもあります。

残りはすべて「それ、もうやらなくてもいいから」というもので、「現在もやりたい」と思うことは一つもなかったのです。

熱い思いをもったとしても、すぐになんらかの行動をとらなければ、確実にその熱は冷めていきます。

ちゃんと実現しているものは、借金をしてでも、すぐに行動を起こしているものので、そこには「今、やらないと、もうできなくなる」とか「タイミングを逃す」といった危機感のようなものがあったと思います。

今、「死ぬまでにしたいこと」のリストをつくると、まったくちがったものになり、70歳ではまたちがうものになる……。

今やりたいことは、今やらなければ、意味がないのです。

本も、強烈に「読みたい！」と思ったときに読むと、夢中になり、内容がぐんぐん入ってきますが、「時間ができたら読もう」と積んでおいても、すっかり熱が冷めていて、興味がさほどわきません。そこに本があったことも忘れているほどです。

「そのときだから、やりたい」「そのときだから、できる」のです。

とくに相手があること、環境が変化していくことは、〝今〟というタイミングがあるはずです。

家族と過ごせる時間は、永遠のものではありません。一緒に楽しむ機会をもちましょう。なかなか会えない家族は、思い出したときにすぐに連絡しましょう。

会いたい人に会うチャンスができたら、遠くても会いにいきましょう。

旬の食べ物は、いちばん美味しい時期に味わいましょう。

行きたい場所には、今すぐ行きましょう。

やりたいことを真っ先にやる人生は、喜びに満ちあふれたものになるでしょう。

「時間ができたら」「お金ができたら」といっている間に、人生は終わってしまいますよ。

05

「好奇心」はエネルギーの源泉

やりたいことをどこまでも追及している人、しかも喜々としてやっている人の原動力になっているのが「好奇心」です。

未知なるものに対して「それをもっと知りたい」「それをやってみたい」とワクワクして、あふれ出すような好奇心は、やりたいことを追い求めていくスイッチなのです。

そんな好奇心のスイッチは、だれもがもっているはずです。

ある友人は、〝財テク〟が趣味。といっても、それで得られる収入のほうが本職より多いほど本格的。

数百万円の資本から、ビルやマンションを5棟ももつまでになりました。

「あんな不労所得があったらいいなぁ」とはだれでも思うものですが、簡単にマネできるものではありません。ビル一棟を買うのに、どれだけ多くの情報を集め、どれだけの時間を使ってきたのか。それは並大抵のものではないのです。ビルの資産価値を確かめるために、深夜にビル周辺を調査したり、近所の住人にさりげなく聞き込みをしたり……。

彼女がそれを楽しそうに、根気よくやっているのは、「好きだから」にほかならないでしょう。

私がつねづね思っていることの一つは、もともと、人間一人ひとりのエネルギーの大きさは、それほど変わらないということ。

時間は、一日24時間、だれにでもひとしく与えられています。

どこに時間とエネルギーを使うかが、大きな力や結果になっていきます。

天才と呼ばれる人たちも、ただ才能があるのではなく、そのことになにより多くの時間とエネルギーを使ってきた人たちでしょう。

自分は「能力がない」「恵まれている人はちがう」と思っている人がいるけれ

ど、これって、本当にもったいない。

「好奇心」というスイッチを押せば、だれもがそのことに夢中になり、時間を忘れるほど没頭し、自分の力を引き出すことができるはずなのです。

「これは将来、役に立ちそうだから」「お金になりそうだから」「認めてもらえるから」「人がいいというから」ということでやっていることは、大して身につかず、大して結果を残すこともできません。

まわりに答えを求めようとすると、空気を読むスキル、合わせるスキルばかりが長けて、自分のなかのスキルはあまり高まっていきません。なにかに人生のハンドルを預けたまま、時間とエネルギーを消耗することになります。

年を重ねても元気な人に共通しているのは、飽くなき「好奇心」です。興味があるものを見つけると、だれになんと思われようとも、「それ、なに?」「私もやってみたい」と飛び込んでいく人です。

好奇心があるからこそ、力がわいてくるのです。

もっと知りたい、少しでも成長したい、なんとしてでも実現したいと追い求めて、濃厚な時間を過ごし、圧倒する力になっていきます。

今、「好奇心をもてない」という人は、幼いころに好きだったこと、今気になっていることなど、なんでもやってみるといいでしょう。

絵を描く、歴史の本を読む、なにかをつくるなど、好きなことをやっていると、自分一人で没頭して、手応えを感じる喜びを思い出すはずです。

今、やっている仕事のなかで、好奇心のもてるポイントを見つけてもいいでしょう。興味があることの情報を徹底的に集めたり、なにかのスキルを身につけたりしているうちに、それが独自の仕事になっていきます。自分の役割ができて、人とつながる力にもなっていきます。

ただし、好奇心旺盛で夢中になっても、ある程度やったら飽きてしまう人もいます。いわゆる「熱しやすく冷めやすい」という人で、それは短所のように見られることも多いものです。

しかし、そんな人は、一つのことが冷めても、つぎつぎに興味が移り変わっていって、多くのことを知っていたり、多くの経験をしていたりするもの。いつの間にか引き出しが増えて、今を生きる力になっているのです。やってきたことのすべてが相乗効果になって、太い幹なっていることもあります。

人生で大事なことは、結果を出すことでも、他人から見た成功でもありません。

自分で人生のハンドルを握って「今を生きる」ということです。

朝から晩まで、やりたいことをやって、なにかに夢中になっている人は、人生の成功者といえるのではないでしょうか。

06
仕事にするなら「やれること」のなかから「やりたいこと」を見つける

「将来、自分の好きなことや趣味を仕事にするなんて、無理なのでしょうか」といった相談を受けることがあります。

もちろん、無理な話ではありません。仕事を究めていくには、好きなことを仕事にするか、やっている仕事を好きになるかだと思います。

心からやりたいことなら、仕事になるかは関係なくやればいいでしょう。「報酬がなければやりたくない」というのなら心からやりたいことではないのかもしれません。

好きなことで生計を立てようとするなら、「やりたいこと」より「やれること」から考えるほうが仕事になりやすいはずです。

どんなに好きでも、求めてくれる人がいなければ仕事にはなりませんから。

これまで「いい仕事をするなぁ」と感動レベルの仕事人たちを多く取材してきました。

仕事を始めたきっかけを聞くと、「好きなことをやっているうちに、仕事になった」「ずっとこの仕事をするのが夢でがんばってきた」という人はごく少数。ほとんどは「仕事を頼まれるようになったから」「ほかにやる人がいなかったから」「たまたま、求人広告を見て」など、ひょんな拍子からその場所にたどり着いた人でした。

最初は「ちょっとやってみようかな」「面白そう」という程度の好奇心でも、やっているうちに手応えを感じたり、人に喜んでもらったりして、本気になっていく……というパターンが多いのです。

友人のシングルマザーは「就職するためにパソコンの操作ができるようになりたい」と、ホームページ作成の講座を受講。まったくお金がなかったので、「受付や集客ならやれます！」と講師に直談判して、無料で受けさせてもらったとか。

その講師から「こんなホームページつくれる？」と仕事を依頼されるようになり、だんだん仕事が増えてきて、近所のママ友を集めて会社を設立。ネット販売代行、配送、商品開発、出版、不動産などほかのジャンルの仕事も頼まれるようになり、年商数億、自社ビルを建てるまでになりました。

彼女は、どこからか「こんなことで困っているんだけど」「こんなことをしてくれる人がいるといいんだけど」という声を聞くと、すぐに「それ、うちの会社でやらせて！」と応じるのです。

やったことがなくても、徹底的に情報を集め、人に聞きまくり、資格やスキルを身につけ、なんとか「やれること」にしてしまう。「私は仕事が好きでたまらない」と人を喜ばせているうちに、まわりから「この人に頼めば、間違いはない」と大きな信頼を集めるようになったのです。

人が喜んでくれるポイントは大抵、得意なこと。そんなアウトプットの量が増えれば、必然的にインプットの量は増えていきます。

「もっといいものにしたい」「もっと人を喜ばせたい」とやり甲斐や成長につな

がっていきます。

逆に、どれだけ学んだり、資格を取ったりしても、それを使うアウトプットの場がなければ、インプットの量も次第に減っていくでしょう。

海外で暮らすと、仕事の選択肢は少なく、「やりたいこと」より、まずは「やれること」を見つけます。

ある友人は「ほかに仕事がなかったから」と日本語教師をしているうちに、資格を取りたいと大学院に行き、大学講師になって、自分の好きな芸術をとり入れた授業をしています。

ある友人はツアーガイドをしているうちに、お客が満足してくれる理想とするホテルをつくりたい、現地の雇用をつくりたいと実現しました。

「やれること」をしているうちに、「やりたいこと」にたどり着いた人たちです。

「やりたいこと」は、〝たまたま〟とか〝なりゆき〟で、偶然、見つかることが多いもの。やってきた波に流されるのではなく、自分の意思でひょいと乗って流れていくうちに、「そういえば、自分はこんな場所に来たかったんだよね」という場所にたどり着くわけです。

「なにをしたら人が喜んでくれるか」「なにをしたら自分が楽しいか」を中心に動いていくことが、やりたい仕事をする近道ではないでしょうか。

第3章

あなたは「やりたいこと」を実現する力がある

01 「やりたい」と思ったら、「叶える力がある」ということ

この章では、やりたいことを実現したい人のために、あなたには、本来、すばらしい力が宿っていること、「大切なことをすぐにやること」で、あなたの本領が発揮できることを、もう少しお伝えしましょう。

人は、実現可能なことしか、想像しないといいます。

まったく非現実的な夢を「どうすればできるのか」と真剣に考える大人はいないでしょう。1%でも可能性があるから、想像するのです。

私たちは心の奥で、できること、できないことを、ちゃんとわかっています。

だから、「こんなことをしてみたい」「こうなりたい」と思うことは、現実にする力が備わっているということなのです。

「そうは言ってもねぇ」と半信半疑ではありませんか？

「やりたいと思ったことは現実になる」なんて、まだ信じていないのではありませんか？


もちろん、想像したことがすべて現実になるとは言っていません。

でも、そう思わないと始まらない、ということです。

夢と目標というものは、宝くじのようなもので、そうなるかはわからないけれど、「その可能性がある」と思って買わなければ、当たることもないでしょう。


たとえば、オリンピックの選手になる人は「そうなる」と信じて、日々を過ごしてきたでしょう。「部活動のレギュラーになりたい」「選手を裏方で支えて、オリンピックに行きたい」という夢もあるかもしれません。

どれがいいというのではなく、第2章で書いたように〝仮説〟を立てないと、動けないのです。

そして「もしかしたらできるかも」と思った途端、それを叶えようとする力が表面に出てきます。「やりたいことがあるけど、ムリだよね」と言っているかぎり、本当はそれを叶える力があったとしても出てきません。

「できない」と考えるのと、「1％でも可能性はある」と考えるのとでは、天と地ほどの差があります。

願望や野望は、達成されることを目的としているようですが、一方で今を生きるための〝標的〟として存在していることが多いのです。

実現できなくても、「やれるだけのことはやった」「自分の力を精一杯出した」と思えば、悔いはないでしょう。


「そうしたい」と思うことを、単純にすれば、力はわいてくるのです。

やりたいことは、どんなに辛くてもやりたいし、やりたくないことは、どんなに簡単でも、メリットがあっても、やりたくないでしょう。

本当は、やりたいことをやればいいだけなのに、私たちのなかに〝恐れ〟というものが入り込んでくると、判断を間違います。

「人はどう思うのか」「失敗するのでは」「安定した道がいいのでは」などと複雑

に考えすぎて、動けなくなってしまうのです。

そんなときは、自分の心にこう問いかけてください。


「本当のところ、どうしたいの？」


人生の大きな決断には、なかなか答えが出ないでしょうが、それでも問い続けることが大事です。

日々の生活のなかでも、休日をどう過ごすか、ランチになにを食べるか、どんな服を買うか、イベントに行くかどうかなど、なにかの選択で迷ったときに、「どうするべきか？」ではなく、「本当はどうしたい？」と自分に尋ねてみるといいでしょう。

また、ときどき「自分はなにに喜びを感じるのか」をチェックしてみましょう。

感動すること、心がときめくこと、「やってよかった！」と満足すること、反対に、あまり心が動かないこと、嫌な気持ちになることなどを確かめていると、少しずつ、自分の声が聴こえてくるようになってきます。

人は、心を動かされるほど、動きたくなる性質があるのです。

なにが自分を幸せにするかは、自分にしかわからないこと。幸せはいつも自分のなかにあって、キョロキョロして探すことでも、だれかに求めることでもありません。人との競争や勝ち負けも関係ありません。

意味のある選択は「自分のやりたいことを選ぶ」ということだけです。

人生に戦いがあるとしたら、他人との戦いではなく、自分に正直であるために戦う、ということかもしれません。

やりたいことを見つけたら、そのことだけを考えて進みましょう。

素直に行動すれば、偉大な力になりますから。

あとのことは、あとで考えればいいのです。

02
とことん楽観的に、とことん具体的にイメージする

なんとしてでも思いを実現させたいなら、とことん楽観的にイメージをしてみることです。

「人生、なんとかなる」と、とことん楽観的であれば、余計なことに気を取られず、「今、ここ」だけに集中できます。

もう一つ大事なことは、具体的にイメージすることです。

よく「具体的にイメージすれば、思いが叶う」とか「引き寄せられる」と言われますが、間違ってはいけないのは、無理矢理、具体的にイメージしても、それが叶うわけではないということです。

「具体的にイメージせずにはいられないこと」を、思い描くことです。

私もイメージすることの力を強く実感していますが、詳細までイメージして、「そうなる！」と思い込もうとしても、思い入れがそこまでなければ、いつの間にか忘れ、闇に葬り去られてしまうわけです。

思いが叶っていることは、「具体的にイメージせずにはいられないこと」で「考えようとしなくても、ついつい考えてしまうこと」です。

たとえば、「デビュー作をベストセラーにしたい」と思ったとき、「横浜駅の地下街の○○書店のベストセラーコーナーに私の本が並んでいて、仕事帰りの女性が手に取り、真剣にページをめくっている」という光景がまるで映画のワンシーンのように浮かんできました。

「具体的にイメージしよう」と考えたのではなく、「そんな素敵なことが起こったら、どんなにすばらしいことか！」と勝手に妄想してしまったのです。

そして、毎日、一日に何度もその光景を思い出しました。思い出そうとしなくても、ついつい思い出してしまうのです。

不思議とそのイメージは、視覚的なものだけでなく、地下街の雑踏の音、乾いた空気、近くのレストランの匂いなど五感的なものも含まれていました。具体的であるほど、〝快感〟は体に染み込むもの。体全体で自分を喜ばせてくれるものだから、何度もその光景を反芻していたのでしょう。

思い描いた光景は、それに近い状態で現実になりました。

ある友人は、20代前半に、「3LDKのマンションをもちたい」と、毎日、不動産やインテリアの雑誌を眺め、「海が見えて、家具は好きなブランドで統一して……」と妄想をふくらませていたとか。

「仕事がどんなに辛くても、マンションのことを考えると、乗り越えらえた」と言います。夜、疲れていても、「自分には、あれがある」とわくわく、にやにやしながら眠りにつくほどですから、実現しないわけはありません。数年後にイメージ通りのマンションを手に入れたのです。

思いが実現するかどうかは、思いの強さであり、それはイメージのなかの〝快感〟の大きさなのです。

世界的名著『7つの習慣』で、著者のスティーブン・R・コヴィー博士はイメージすることの大切さをこう伝えています。

「全てのものは二度作られる。一度目は自分の頭の中で、二度目は現実に」

私たちの身のまわりにあるデスクも、文具も、電灯も、家も、最初はだれかの頭のなかで想像したものにすぎませんでした。

でも、それを具体的に思い描き、かならず実現すると信じきっただれかが形にしてきたのです。

なにかを成し遂げている人は、例外なく、現実にそれを叶える前に、頭のなかでそれを何度も叶えています。そんなイメージを繰り返すことで、それに焦点を合わせて自然に動いています。

そこには、「そうなったら、なんとすばらしいことか！」といった、ときめいたり、救われたりするような人間的な〝感情〟もあるからでしょう。

ただ、私たちは、わくわくすることを具体的に思ったとしても、しばらくたつと「無理だよね」「まぁそのうち」とすぐにブレーキをかけてしまいます。

だから、「今すぐに動くこと」が大事なのですが、ここでは、まず、具体的にイメージして、そうなると信じて疑わないこと、繰り返し思い続けることが大事だと覚えていてください。

もし、そのイメージを忘れそうになったら、受験前の学生のように、壁に貼っておく、スケジュール帳のいちばん前に書いて仕事の前に見るなど、意識づけ、習慣づけをするといいでしょう。

だれでもやっているような単純なことですが、効果はあります。

そのことについてどれだけ思っているかが、形になるのです。

03

もっとも重要なことから始める

人生は、優先したものから手に入るしくみになっています。

たとえば、子どものころからずっと「英会話ができるようになって、世界を飛び回りたい」と強く思ってきた人は、そのために学んだり、仕事を探したり、世界の情報を集めたりすることに時間を使ってきたでしょう。

そして、今ではすっかり、そんな生活が馴染んでいるかもしれません。

「ともかくお金をたくさん稼ぎたい」という人は、仕事のための時間を遊びよりも優先してきた人でしょうし、「なにより家族を大切にしたい」という人は、家族と過ごす時間を優先してきた人でしょう。

一つのことだけでなく、仕事も家族も遊びも大事にして、それが相乗効果を生んでいるという人もいるはずです。

その人の今の姿は、口ではあれこれ言っても、意外に正直です。

これまでなにに意識を向けて、なにを大切にして、なにに時間を使ってきたかがわかるものです。「大切なことを大切にする」というのは、思っているだけでなく、行動の積み重ねに他なりません。

注意すべきは、優先すべきものがわからなくなってしまうこと。またはわかってはいても、ついついほかのことを優先してしまうことです。

「大事だとはわかっているけど、やっていない」のは、「すぐにやらなくてもいいこと」だからでしょう。今すぐにやる必要はない、先延ばしができるので、人生の大事を犠牲にして、目の前の小事をとってしまうのですね。

たとえば、「健康」は、一つの一大事ですが、それを意識していないと、休日はついつい暴飲暴食をして、体を動かさずにだらだらとテレビを見ている。平日は忙しくて、健康診断にも行かない……ということになってしまいます。

また、「無意識に優先順位が入れ替わっていること」もあります。

「こんな仕事がしたい」「こんな人になりたい」と希望をもって仕事を始めたのに、いつの間にか、人間関係で消耗している。また、お金をもつようになると、「もっといい暮らしがしたい」「もっと遊びたい」と、すっかり自分を見失ってしまう……というような。

無意識に優先順位の序列が変わっているので、「どうも仕事がうまくいかない」となるのも当然です。

「なかなか思いが実現しない」という人は、一日のうち、なににいちばん時間を使っているか、考えてみるといいでしょう。

優先順位がいつの間にか、すり替わって、それほど大事ではないことに時間とエネルギー、そしてお金を使っているかもしれません。

私たちのまわりには気を取られることが山ほどあり、いつの間にか心の声がかき消されて、それほど大事でないことが優先順位の上位にきていることが多々あります。

優先順位を間違わないためには、まず、だれでもない「自分にとって優先するものをはっきりさせること」です。

世間の価値観や、まわりの空気ではなく、自分の感情、価値観に従って、大切なものを決めてください。

自分の夢や目標といったことだけでなく、「だれになんと言われようと、サーフィンがいちばん大事」「恋愛がないと生きていけない」「旅行に行くために働いている」という人もいるかもしれません。

人に大きな迷惑をかけず、自分で責任を取る覚悟があるなら、なにを優先してもいいのです。

優先するものは、多くても5つ以内にしぼって、優先順位を決めるといいでしょう。手放す勇気も必要です。

私たちは、多くの欲しいものを手に入れますが、いっぺんには手に入れられません。「留学したい」「店を開きたい」「婚活もしたい」と、あれこれ同時進行していくことは難しく、実現もできないでしょう。

優先するものは「一生、優先する」ではなく、「今は、優先する」でいいのです。今の瞬間、集中して、一つのことが実現したら、つぎのステージに進めるでしょう。

そして、優先するものを確実に実行するポイントは、優先順位をつねに頭にキープして「ルーティンに組み込む」ということです。

自分にとっての大事なことを、真っ先にスケジュールに入れましょう。

「まぁ、そのうち」「時間ができたら」と時間を設定していないから、ついつい日常の雑多なことが入り込んでくるのです。

「土曜日は家族サービスをして、日曜日は自分の好きなことをする」「週2回の夜は、健康のために運動をする」「通勤時間の電車で、資格取得の勉強をする」など、決めてしまうと、確実に実行できるようになります。

そのために、残業をしないようにしたり、大事でない誘いは断ったりするようになります。ほかのことに気を取られることも少なくなるでしょう。

大切なのは、あなたが今「優先したいこと」をはっきりさせること。

そして、優先すべきことから、手をつけること。

そのことを生活の中心に置くことで、十分な時間が取れます。

手放すべきものもわかるようになります。


一日24時間をなにで埋めるのか？

あなたが心から「そうしたい」「そうなりたい」と思うことを、少しずつでも埋めていくだけで、あなたの望む未来が、じわりじわりと近づいてきます。

自分にとって大切なことに十分な時間と手間をかけましょう。ほかのことは、適当でいいのです。

04 「自分は凡人」という前提から始める

本を書いているので、ときどき「才能があっていいですね」と言われることがありますが、もともと才能なんてあるわけではなく、今でも人より優れた才能があるとは思っていません。

ただ、そうなるための方法をなんとか考え、そこに行くためにたくさんの時間を使ってきた、ということにすぎないのです。

「無限の可能性がある」などと言い聞かせたり、「自分はできる人間だ」とセルフイメージをしたりしても、ものごとが実現するわけではありません。

実際、歴史のなかには〝天才〟と呼ばれてきた人たちがいて、その仕事を見ると、自分の才能のなさに愕然《がくぜん》とします。「才能があるからやる」ではなく、「自分のような〝凡人〟でも、できることはあるはず」と考えてしまうのです。

むしろ「〝凡人〟であるから続けられている」とも思います。

するりとやれる天才でないからこそ、考え続けること、動き続けることができて、熱が冷めないでいるのです。


未来を想像するときに、セットとして考えるべきは、「今の現実」です。

現実からしかスタートできませんから。


ある有名漫画家は、早々に自らを「画力が乏しい」と認め、漫画雑誌で勝負しても勝ち目はないと、アダルト雑誌の挿絵から書き始めたとか。

その独特の画風や、体当たりの体験レポートが多くの共感を得て、今は多くの著書や連載をもっています。

ある不動産の女性店主は、「自分のような営業力も人脈もない個人が、大手に太刀打ちできるわけがない」と、女性に絞った賃貸に特化することで、話題になり、長年、営業できているといいます。

どんな人でも、自分のもっているものを使って、それなりの時間をかけることで、だれにも負けない力を得ることもできるはずです。

凡人がなにかの力をつけようとするなら、「自分なりのものをもって、それをだれかのために行うこと」に尽きます。多くの人が競合する場所ではなく、競合がないポジションで、自分のできる一つのことに絞って集中するのです。

そのためにも、私は基本的に「やりたいと思うことしかやらない」と決めています。

そこからしか、力はわいてきませんから。

やりたくないこと、自分にできないことを無理してやっても、自分の首をしめるだけで、やりたいことにかける時間を奪われてしまいます。

自分は無知だと認めて、知らないことは人に聞き、できないことは人に頼めばなんとかなります。

「環境を整えること」「心地いい人とつき合うこと」にも工夫を凝らします。

そうでもしないと、雑多なことやストレスに忙殺されて、自分のような凡人が力を出すことはできないと、実感するからです。

自分に厳しく、ストイックなわけではありません。たいへん怠け者で、遊ぶことも、だらけることもしたいからこそ、自分のもつ力を大事なポイントだけに絞って有効に使いたいのです。

自分のやりたいことを実現しようとするなら、熱い気持ちと、冷静な目をもつことが必要です。自分を客観視して「こんな自分がどうやったら、できるのか?」と、自分なりの戦略を練っていきましょう。

05 「続けることは大事」の前に、「なにを続けるか」が大事

続けることは大事だと、だれもがわかっていることですが、「やり続けていれば、いつか結果は出る」「石の上にも三年。一度、始めたら、なにがなんでも続けろ」というのは、少しちがうような気がします。

繰り返しますが、心からやりたいことは、どんなにしんどくても続けられるし、そうでないことは、どんなに強制されても、どんなに策を練っても、結局は続かないのです。

たとえ、なんとなく惰性で続けていたとしても、思考停止の状態で、さほど成長することもなく、結果を出すことは難しいでしょう。

「続けることは大事」の前に、「なにを続けるか」がもっと大事なのです。

続けること、結果を出すことが人生の目的ではなく、自分が満足することが目的。続けていくことは、そのための一つの手段にすぎません。

「続けるもの」を見つけるためには、頭で考えるのではなく、実際にいくらかやってみて、「これは続けていきたい」と実感することしかないでしょう。

「やっていて楽しい」「人が喜んでくれる」といった手応えもありますが、それによって続け甲斐のある〝希望〟の光がうっすら見えるからではないかと思います。先はわからないけれど、ともかく、続けてみたいと。

かつて仕事も趣味もなにをやっても続かなかった私が、「書く」という仕事だけは20年以上続けているのは、どれだけやっても満足できないからです。

「これで完ぺき！」とはならないから、「もっといいものが書きたい」と考え、動き続けているのです。

「楽しい」と感じる瞬間は、それほど多くはなく、「どうして、こんなにしんどいことをやっているのか」と思うこともあります。それでも続けていると、あるとき、明るい光が差してきて「いけるかも！」とそこに向かって夢中で走っていく。もはや、楽しいとか好きとかどうでもよくなって、「やりたいから、やっている」というだけです。

「あそこまで行ったら、これまで見えなかった景色が見えるはずだ」と信じて。継続は、〝希望〟の代名詞にほかなりません。

もう一つ、続けられてこられた理由は、まわりの人の力が大きかったように思います。やりたいことに熱中していると、不思議なもので、なんとか助けようとしてくれる人が現れるのです。

それを喜んでくれたり、求めてくれたりする人も出てきます。

「人が助けてくれる」「喜んでくれる」「求めてくれる」というのは、「やっていることは間違っていませんよ。どんどん続けましょう！」というメッセージのように思えるのです。

人の言うことや、人の目に振り回される必要はありませんが、人の力を味方にできるのは、続けていく力になります。

なにか一つでも続けているものがあると、生きやすくなります。

「継続は力」だけでなく、「継続は、信頼」になるからです。

「これまで続けてきたから、これからもなんとかなる」と自信になったり、まわりから「あなたなら、できるでしょう」と信頼してもらえたり。「信頼してください」というより、続けていることが、なによりの信頼の証になります。

少々しんどくても続けられるものを見つけること。希望を見つけること。人の力を借りることが、続けていくヒケツなのです。

第4章

あなたには「一歩」を踏み出す力がある

01 「ちいさなこと」から「まず5分」で、スイッチを入れよう

「やる気があれば、できないことはない！」

目標を達成しようとするとき、よく聞く言葉です。

「やる気が出ないんです」

やらないことを「やる気」のせいにしてしまう人もいます。

やる気は、行動するために、とても大切なことのように言われます。「気合を入れろ！」「気のもちようだ！」という精神論を信じている人もいるかもしれません。

そこで、スケジュールを設定したり、目標を見直し自分を叱咤激励したりして、やる気を出すための策を練ってみたりしますが、なかなかやる気になれない人もいるでしょう。

そんなとき、いちばん大事な前提として理解しておくことがあります。それは、

「行動することでしかやる気は引き出せない」

というシステムです。

どんなに待ったところでやる気は自然発生しないのだということを覚えておきましょう。

やる気の正体は、脳内から出てくるドーパミン、ノルアドレナリン、セロトニンといった物質と言われますが、これらは、「作業をすると、活発に動き出す」という性質があります。

やる前は気が重かったけど、やっているうちに楽しくなってきたという経験は、だれしもあるはずです。

やる気が出ないからこそ、すぐに立ち上がって、手足を動かしてみることが大事なのです。

パソコンでの作業にやる気が出ない人は、ともかく、デスクの前に座ってパソコンを立ち上げることが先決。動けば、それに合わせて気持ちも切り替わり、思考回路も動き始めます。「行動」に「感情」「思考」が後追いするというわけです。

そのためには、「ちいさなこと」から「まず5分」。

とにかく、〝とりあえず〟動くことが大事です。

動き始めれば、「イヤだよー」「面倒だよー」などと思っていた〝恐れ〟は瞬時に消えます。一つの行動を起こすと、弾みがついて、つぎの行動を引き起こすしくみになっているのです。

まるで、1枚のカードを出すことで、ゲームの流れががらりと変わるように。

楽勝レベルの「好きなこと」「やりやすいこと」から始めるのも有効です。目標のハードルは思いっきり低く設定して「最低限やること」を決めてもいいでしょう。

そのあと、やるか、やらないかは自由。

でも、ほとんどは、「もうちょっと、やろうかな」となりますから。

どんな大仕事でも、一つひとつのちいさなことから成り立っています。

たとえば、大掃除をしようとすると、それだけで気が滅入ります。

そんなときは、キッチンの棚の上だけ、5分片づけることにします。

タイマーのスイッチを5分にして、はいスタート。

やったらやったで、棚のなかも片づけたくなります。

「では、つぎは30分」と、タイマーの時間を長く設定してもいいかもしれません。

そんなふうに、きれいになった棚を眺めて、あなたはこう思うでしょう。

「気持ちいい〜!」

そんないい気分を積み重ねていけば、「ちいさなこと」から「まず5分」なんて思わなくても、なにも考えずに、サクッと動けるようになります。

自分をやる気にさせようと思うなら、「やらなきゃ!」と追い立てるばかりではいけません。

自分自身とは、気持ちいいおつき合いをしたいもの。

やさしく声をかけてあげてください。

「ね、ちょっとだけ、やってみない？」

流れを変えるカードを今すぐ出しましょう！

02

行動を起こす理由は、ポジティブでもネガティブでもいい

ビジネスの世界で、「思い切ったことをやる人だなぁ」「とんでもない結果を出している人だなぁ」といった際立った人たちに会う機会があります。

そんな人たちが、普通の人たちとかけ離れた才能を持っているかというと、大きくはちがいません。ポジティブで、いつも楽しいことばかり考えていたかというと、そうでもありません。

以前は、自信をもてず、未来の夢を描けず、日々の生活に追われていた人たちがほとんど。彼らは言うのです。

「このまま終わるのは悔しくって……」

「借金生活が続くのは、絶対に嫌だった」

「だれも認めてくれなかったから、認めてもらおうとがんばった」

つまり、行動を起こしたのは、ネガティブな理由。

そんな気持ちがバネのようになって、逆転のドラマが始まるわけです。

「もうあとがない。これをしなかったら、たいへんなことになってしまう」と、崖っぷちに立たされたときや、満たされない思いが爆発したとき、人は自分でも信じられないくらいの、ものすごい力を発揮するのです。

人間が行動する理由は、2つしかないと言われます。

「〝快感〟を求めるか」

「〝不快感〟から逃れるか」

楽しさや喜びを求めて動くか、恐れや苦しみを回避しようとして動くかのちがいです。

さて、どちらが、素早く行動するでしょう?

たとえば、「美味しいものを食べたい人」と「食べないと死にそうな人」。「お金を稼いでぜいたくな暮らしをしたい人」と「借金を返さないと生きていけない人」。「仕事の幅をもたせるために資格を取得しようとする人」と「資格を取らないと仕事がなくなる人」……。

そう。断然、「このままではまずい！」という人のほうが、行動力は大。

「なにかを得たい」と動くより、「なにかを失いたくない」と動くほうが、圧倒的にパワーが強いのです。

不快な感情は、けっして悪いものではありません。

悶々としていて、なかなか動き出せないという人は、「どうなりたいか？」よりも「どうなりたくないか？」を考えてみるといいでしょう。

〝危機感〟は、ときに人を劇的に変化させます。

〝危機感〟を、行動を起こす動機や、続けるモチベーションのために味方にすることもできるのです。

芸術家や小説家も、満たされない飢餓感のなかから、突き動かされるように、すばらしい作品を生むことがあります。

ただし、危機感による動機は、瞬発力はありますが、それだけではたいへん辛いものがあります。

つねに自分を「これをしなかったら、たいへんなことになる」と追い込んで全力疾走するのは、いばらの道。毎日、危機感に追われた状態が続くのです。

「ここぞ」という勝負どきにとっておいたほうがいいでしょう。

とくに、プライベートでは、できるだけ自分を追い込まず、明るい方向に動いていったほうが、気分がいいはずです。

先に挙げた、行動力のある人たちも、最初は「こんなのは嫌だ！」というネガティブな動機であったとしても、だんだんやり甲斐や面白さを感じて、ポジティブな動機にシフトしていった人たちです。

なかには、最初から「ただ、やりたかったから」「楽しそうだったから」という理由だけで、すごいことをやってのける人もいます。

ただ、そんな人も、負けず嫌いな面があって、「自分に負けるのは嫌」「中途半端では終わりたくない」といった気持ちももっているものです。

動機が〝ネガティブ〟か〝ポジティブ〟かは、コインの裏表のようなもので、ランニングやウォーキングをするのも、「健康でいたいから」だけでなく、「運動不足だと不健康になるから」「筋力が衰えてはいけないから」といった動機もあるでしょう。

仕事をするのも、「やり甲斐があるから」だけでなく、「収入がなくなると困るから」といった動機もいくらか混在しているはずです。

動き続けるためには、基本的には「やりたいからやる」「いいことがある」と明るいほうを向いて歩きつつ、いつも少しだけ危機感ももつ。いざというとき、中だるみをしているときに、ときどき「やらなかったら、○○を失ってしまいますけど?」とお尻をたたくぐらいがいいのではないでしょうか。

03

「やりたいこと」のために、「やりたくないこと」もやる

私たちは、できるだけ、「やりたいこと」だけやって生きていきたいものですが、身のまわりには、つねに「やるべきこと」があります。仕事だけでなく、家事の雑用や書類の返信、服をクリーニングに出したり、メールを送ったり、贈答品を送ったり、パソコンの備品を注文したり……。

本当は、「やりたい」「やりたくない」にかかわらず、サクサクッと片づけてしまいたいのに、感情とはなんと正直なのでしょう。

「やるべきこと」は「やりたくないこと」になって、私たちの前に立ちふさがります。つい後回しにして放っておくと、「やるべきこと」が山積みになってしまいます。

そうなると、ますますやりたくない……。

そんな「やるべきこと」に早めに手をつけるために、私は自分自身に問いかけます。

「やりたいの？　やりたくないの？　やりたくなかったら、やらなくてもいいですよ」と。

やるか、やらないかを、自分の意思に委ねるのです。すると、どうでしょう。

「やりたいです……」

ほとんどの「やるべきこと」は、よくよく考えると、「やりたいこと」なのです。

たとえば、仕事で書類の返信をするのは、仕事をやりたいから、そのために当然、「やりたいこと」。贈答品を送るのも、人に喜んでもらいたいから。服をクリーニングに出すのも、きれいな服で出かけたいから……。

「やるべきこと」の向こうには、かならず「やりたいこと」があることに気づきます。

そして、「やりたいこと」のために、「やるべきこと」をやりましょうとも！

と思うわけです。

毎日の生活のなかで「どうしてもやらなければいけないこと」「やらなければ、死んでしまう」ということは、それほど多くありません。

「自分がやりたいからする」という自主性を取り戻すことが必要なのです。

ある友人は、「嫌な仕事」「好きな仕事」、2つの仕事をどちらもやらなきゃいけないときは、「当然、嫌な仕事から始める」といいます。

「嫌な仕事から先に片づけたほうが、あとがラク。嫌な仕事を残しておくなんて、精神衛生上よくない。好きな仕事は、あとからのお楽しみ！ それに、嫌だと思っていた仕事も、やり始めてしまえば、そうでもないのよね」

嫌なことは、追いかけられる前に、こっちから追いかけていって、とっとと片づけたほうがラクなのです。

また、別の友人は、気が重い仕事のときは、「楽しいこと」をセットにするといいます。

たとえば、「この仕事が終わったら、温泉に行こう！」というように。

気の重い仕事のあとに、いいことが待っていると思うと、がんばれるのだとか。

辛い仕事をやり切ったあとの、楽しみは格別。

これは、だれでも、ごく自然にやっていることではないでしょうか？

「今日は久しぶりのデート」「週末は、旅行が待っている」と思ったら、がんばれてしまうもの。

そんなふうに、「やりたくないこと」と「やりたいこと」をセットにして考えると、積極的にやろうと思うものです。

また、「やりたいこと」をセットにできず、「やりたくないこと」だけを抱えている人のために、一つの作戦があります。

それは、目の前のことを、できるだけ、ゆっくりと、ていねいにしてみること。

たとえば、FAXの送り状を手書きするとき。

まずは、自分のデスクで書類を目の前にきちんと置き、「せっかくですからね」と、ゆっくり、ていねいな字で書くように努めます。すると、「やりたくない」という気持ちはどこかに消えています。

FAXの横でちゃちゃちゃっと適当にすませようとすると、心の温度が冷え切ったまま「やりたくない」気持ちは変わりません。

なんでもていねいにやろうとすると、心は温まって前を向くのです。

後ろ向きの気持ちを、前向きに変えるためには、ちょっとした考え方と行動の工夫があればいいのです。

そもそも、「後ろ向きの気持ち」なんて、私たちがつくり出した幻想。

そのほとんどの幻想は、動くことで、吹き飛んでしまうのです。

04
「やるか」「やらないか」で迷ったら、「やる」ほうを選ぶ

あなたには、これからの人生で、やりたいことを「やるか」「やらないか」で迷う場面が、たくさん出てくるでしょう。

そんなときは、あまり悩まずに「やる」ほうを選んでみませんか。

あなたにとって、「やらない」より「やった」ほうがいいに決まっていますから。

あなたが望んでいるものを手に入れたいと思うなら、〝今〟〝ここ〟で人生にとってベストな選択をすることが大事。だって、やらないことには、なにも始まりませんから。

ときどき、私のところに、「私も本を書きたいんです」と言ってくる人がいま

す。私に尋ねてくれるなんて、うれしいことです。それだけでも、積極的な行動です。

そこで、「どんな本が書きたいんですか?」と聞くと、「それがよくわからないんです」「なんでもいいんです」。

なかには、「女性が仕事も結婚も両立できる法則を書きたいんです」などと、目的が明確になっている人もいます。

「で、今、なにか書いていますか?」と聞くと、ほとんどは「まだです。本が出ると決まっているわけじゃないですから」。

ですよね。わかります。

でも、多くの場合、なにかしら書かないことには、本が出るとは決まらないのです。目次だけでも書いてみるとか、ブログで発信するとか、企画書を書いて、まわりの友人に意見を求めてみるとか……そんな「まずは」という第一歩が大事。

そこから見えてくるものがありますから。

もしくは、書かなくても、人が話を聞いてみたくなるような「面白いことをしている人」なら、出版社のほうから、興味をもってくれるかもしれません。

遠回りではありますが、自分の今の仕事を熱心に取り組んで、注目される人になることも、一つの道でしょう。

ともかく、やりたいことがあるなら、「一歩」を進めてみるのです。

先日、90代の無名の女性が書いた詩を、数百万部のベストセラーにした女性編集者に会う機会がありました。彼女は、そのベストセラーが誕生した秘話を教えてくれたのです。

「最初は、新聞の投稿コーナーにあった詩を読んだのがきっかけでした。ほんの短い詩だったけれど、すごく感動したんです。それで、すぐに連絡して、本にさせてもらうことになりました」

その詩集は、多くの人を励まし、映画化もされました。

計り知れない感動の最初の一歩は、90代の女性が詩を書こうとする一つの行動から始まったのです。もちろん、その方は、「自分の本が世に出る」なんて夢にも思わなかったでしょうけれど。

「やるか」「やらないか」と迷ったら、ちいさな一歩を踏み出してみましょう。

仕事や役割を任されたときは、「やります」と答えてみる。

人に話しかけようかどうか迷ったときは、声をかけてみる。

なにかの趣味を始めたいときは、少しでもかじってみる……。

「うまくいかないかもしれないから……」なんていっても、やってもいないのに、わかるわけはありません。

一歩でも前に足を進めたことは、かならず、あなたのなかに残っていきます。

そんな一つひとつの〝実験〟が、あなたをつくり、あなたの人生をつくっていきます。

「やるか」「やらないか」迷うのは、できる証拠。実験だと思って、「やる」ほうを選んでみませんか？

05

整理整頓をする

優先順位がはっきりしていて、すぐに行動する人の特徴として、身のまわりがすっきりと片づいていることがあります。

一見、関係がないようですが、身のまわりを整えていることは、心と体を軽くすることにつながるのです。大切なものを大切にするため、すぐに行動に移すためには、「整理整頓」は重要なカギ、といっていいでしょう。

料理研究家として活躍している友人は、シンプルに考え、シンプルに行動する達人。

「できるだけ頭を空にしておきたい」という彼女は、いつも心が穏やかで、いい仕事をしているだけでなく、家のなかはきちんと整理され、好きなものに囲まれた心地いい空間になっています。

彼女のモットーは、片づけに時間をかけないこと。

郵便物や買ってきたものなど、外から入ってきたものは、すぐに処理。

家事や掃除はルーティンワークとして、決めた時間、決めた通りにします。

メールをチェックして返信するのも、一日1回だけです。

彼女のそんなシンプルな暮らしの習慣は、どこから来ているんだろう？　と考えると、かつていっしょに暮らしていたおじいさんの習慣からの影響が大きいようです。

その習慣とは、ごく簡単なこと。

「ものを出して使ったら、すぐにしまう」

そうすれば、いつもすっきり部屋は整理され、ものを探したり、忘れ物をしたりすることもないのだとか。

私たちは、「整理整頓」を、難しく考えすぎているのかもしれません。

一つひとつもとの場所にもどすことを心がければ、だれでもできることなのに、面倒がって放置することが、心と体のエネルギーを奪っていきます。

実際問題として、ものを探すために、多くの時間を使っている人がいるのではないでしょうか。

「アレが見つからない」、そう思うだけで、心がザワザワと落ち着かず、ほかのことが手につかなくなることもあるはずです。

空間は、その人の頭のなかを表しているとも言われます。

家のなかがごちゃごちゃの人は、頭のなかもごちゃごちゃで、整理がつかない。捨てられない人も、「要るもの」「要らないもの」が決められず、ものごとを放置してしまうクセがあります。

机の上にたくさんの書類が積んであると、「もう、どれから手をつければいいのよー」と叫びたくなります。

いろいろなものに目が行き、気が散り、大切なことの優先順位が決めにくくなるのです。すべてのものごとが整理されていれば、余計なことを考えず、「やりたいこと」に集中できます。

優れた職人は、仕事道具を、毎日、きちんと整理するクセがついていますが、仕事に集中するため、最高のパフォーマンスを引き出すためには、整理整頓が必須だと、身をもってわかっているからでしょう。

さて、整理整頓の基本は、「一つずつ」「ていねいに」「最後まで」完結させることです。

「出したら、しまう」というように、その場、その場で終わらせていくことが大事。

これは、大切なことを達成するときにも、有効な方法です。

たとえば、「この本を読みたい」というとき、あれこれ気が散ったり、途中でほかのことをしたりしては、いつまでたっても読み終わりません。

仕事でも、いろいろなことをバラバラにやっているうちに、結局、夕方になって、「今日は、なにも終わっていない」ということもあるでしょう。溜め込んだ作業をあとでいっぺんにやろうと思ったら、大きな時間を割かなければならなくなります。

早く適当に終わらせようとすると、ミスをしてあとでやり直さなくてはいけないことにもなりかねません。並行作業、一括作業は効率的に見えて、無駄が多いのです。

どんな行動も、「一つずつ」「ていねいに」「最後まで」やり切ることです。

環境を整えることは、心を整えること。

気を散らすものを少なくして、一つひとつ目の前のことに向き合いましょう。

すぐに片づけるクセをつけることで、すぐに動くクセもできていくはずです。

06 やりたいことを続けるためには、休むことも必要

ランニングの習慣を続けていくためには、「あともうちょっと走れそう」という8割のところで終わらせるといいと聞いたことがあります。

たしかに、「ギリギリ走れるところまでやってみよう」と、走り切ってみると、つぎに走るとき、なんとなく意欲がわきません。

心も体も、疲れてしまっているためです。

限界までやろうとすると、「燃え尽き症候群」のようになって、続かなくなってしまうのは、実感するところです。

なんでも、「やりすぎ」はよくありません。

「やり続ける」ためには、むやみに「やらない」ことも大事なのです。

仕事でも、焦って働きすぎると、集中力が落ちて、パフォーマンスが下がります。やりすぎて、心や体の病気を患っては、元も子もありません。

がんばることは大事ですが、休んでこそ、力がわいてくるもの。休むことによって客観的な目をもつことで、これまで見えなかった気づきもあるでしょう。

大切なことに向き合うためには、〝距離感〟が必要。

近すぎては、しんどくなるし、逆に遠すぎても、満足できません。

女性は、ときどき、「家庭」と「仕事」という2つの大切なことを天秤にかけて、選択を迫られることもあります。まわりの空気に流されて、どちらかをあきらめることになりかねません。

男性でも、仕事ばかりを優先して家族の時間、自分の時間が犠牲になっていることもあるでしょう。

でも、「どちらもあるからこそ、どちらも楽しめている」ということも多いものです。それは、うまく〝距離感〟がとれているからです。

心を患ってしまうのは、一つのことだけやっている人に多く見られがちです。

すべてではありませんが、些細なことにも〝距離感〟がうまくとれず、思い悩んでしまうのです。

一つのことだけに極端に力を注げば、そのことだけでなく、別なことにも問題が生じるしくみになっています。自分のなかで「ほどほど」「いい加減」という力の入れ具合を、見つけていくことが大事。

行き詰まったら、広い世界、ほかの世界に目を向けてみましょう。

仕事も、家庭も、遊びも、人生も、ちょっと視点を変えれば、喜びや楽しみはいくらでも見つかります。

そのためにも、リラックスした状態でいることが大事。

「心を強くする」というのは、困難に負けない強靭な精神をつくるということではなく、困難があっても、適度な距離感をとったり、楽しみを見つけたりする〝やわらかい心〟をつくるということです。

休み、休み、進んでいきましょう。

第5章

「大事ではないこと」に時間をかけない

01 ほとんどのやるべきことは、勘違い

台湾からの留学生と話すことが、ときどきあります。

ある有名国立大学工学部の大学院に進学したYくんも、その一人。

安価な大学の寮に入っているので、生活できないことはないけれど、せっかく日本に来たのだから、ほかの学生のように飲み会にも行きたいし、旅行もしたい。

そこで、指導してもらっている教授に、「今度、コンビニのアルバイトをしたいと思っています」と伝えたところ、こんな答えが返ってきたそうです。

「もし、きみが今、コンビニのアルバイトをしたら、一生コンビニの店員をすることになるだろう」

それを聞き、Yくんは、留学した当初の目的を思い出し、研究に専念すること

にしたそうです。

その大学教授は、Yくんのことを思えばこそ、学生時代にいちばんやるべきことは勉強。それをおろそかにすると、望む研究成果も得られないし、望む仕事も手に入れられない、と言いたかったのでしょう。

ものごとがうまくいかない、そのもっとも大きな原因は、それほど大切でないことを優先してしまうから。

あなたもありませんか?

「これもしたい」「あれもしたい」とスケジュール帳を「ToDoリスト」でいっぱいにして、いつもそれに追われていること。テレビやインターネットの動画をだらだら見てしまうことや、よく知らない人との交流をなんとなく続けてしまうこと。目の前の雑多なことばかりに目が向いてしまうこと……。

そんなときは、自分にこう言ってあげてください。

「(大事なことは)そこじゃないでしょう!」と。

私たちが、優先順位をまちがえてしまうのは、それほど大切ではないことを、大切なことだと勘違い（錯覚）しているからです。

そして、「それほど大切ではないけれど、すぐやらなきゃいけないこと」から順にやっているから、「大切だけれど、すぐにやらなくてもいいこと」は、後回しになってしまう……。

スケジュール帳の「ＴｏＤｏリスト」を見てください。

そのなかに、「やらなければ、困ること」はいくつあるでしょうか？

多くのことは、やらなくても困りません。

習慣や思い込みから、リストに加えられていることが多いものです。

「最低限すること」だけをリストアップし直して、あとは余力でやる、くらいでいいのです。

真面目な人ほど、「あれもやらなきゃ」「これもやらなきゃ」「もっとできるはず」と、わざわざ自分で自分を追い込んで、心の余裕がなくなっています。

自分の思いを実現していくためには、やるべきことを増やして「つけ加えていくこと」が大事だと思ってはいませんか？

残念ながら、これでうまくいったためしはありません。

やりたいことを叶えたいなら、今の自分の状況のなかから、「足し算」ではなく、「引き算」をしていくことです。

「重視しなくてもいいもの」を見極め、それを手放していくのです。

そうすれば、自然にやるべきことは、はっきりと見えてきます。

ブレない自分をつくるには、大きなエネルギーは必要ありません。

「重視しなくてもいいもの」を手放せばいいのです。

これ以上、自分の人生にとって、それほど大事でないことに時間を使うのは、やめましょう。

人生の時間は長いといっても限りがあります。

大切な時間は、大切なことのために使うものなのですから。

02 どうして嫌なことを嫌と言えないのか？

「それほど大事でないこと」に時間を使ってしまう原因の一つに、人からの頼まれごとや誘いを「断れない」ということがあります。

もちろん、断らずに無理してやったことで、いいこともあります。

仕事を断らずにやっていた結果、大きな仕事を頼まれるようになること。

飲み会の誘いを断らずにいた結果、ほかではできない人生勉強ができたこと。

これらは、「大切なことだった」ということなのでしょう。

でも、嫌なことを嫌と言えずに、そのことに多くの時間を割き、肝心なことができていない、ということはありませんか？

思いを途中であきらめてしまう人には、「流される」という特徴があります。

多くは、「やさしい人」で、つい自分よりも、他人のことを優先してしまうのです。

でも、他人のことを考えるあまり、自分を犠牲にしたら、どんな未来が待っているのでしょう。

人に振り回されて、イライラすること。

やりたいことが叶わず、自信をなくすこと。

自分の人生を生きられず、後悔すること。

人や自分を責めてしまうこと……。

人生をトータルで考えると、あまりいいことはないのです。仕事や友人、家族や恋人との間でも、「NO」が言えないために、関係が歪んでいくこともあります。自分のためだけでなく相手のため、互いの関係のためにも断ることは必要です。

人間関係において、人を思いやることは大切。

しかし、それと同じくらい、いえそれ以上に大切なのは、自分を思いやることです。

そもそも、どうして、嫌と言えないのでしょう?

おそらく、無理をしてでも実行しようとするのは、「迷惑をかけたくない」「ガッカリさせたくない」という他人への配慮と、「嫌われたくない」「失望されたくない」という自分への保身があるからでしょう。つまり、断ることでのマイナス点ばかりに目が向いて、〝恐れ〟が強くなってしまうのです。

断るのはお互いにいい気分はしません。

それで、「断っていやな気分になるくらいなら、しんどくてもやってしまおう」と引き受けてしまうわけです。

しかし、自分が引き受けることが重要だと、あまり錯覚しないほうがいいのです。断れば、相手はそれなりに考えるのでしょう。

むしろ、断ったほうが、いい結果につながることもあるかもしれません。

ある研究で、人は一日平均6万の思考を巡らせていることがわかったそうです。だれかが一日に10回あなたのことを考えたとしても、それは1日に考えるこ

なります。

とのごくわずかです。

あなたを断れなくしている〝恐れ〟が勘違いだとわかれば、断るのは怖くなくなります。

さまざまなことに振り回されるのは、自分のなかに重要なことがない証拠かもしれません。

ためらわずに「NO」を言うには、自分のなかに、一つの大切な「YES」をもっておくこと。

「これだけはやりたい」ということをしっかりと決めておけば、それに関係ないことは、「NO」と切り捨てることができるでしょう。

「とはいっても、気が弱くて、なかなか断りにくい……」という人のために、断りやすくなるコツを3つお伝えしましょう。

1つめは、明るく、あっさり、「〝今回〟は難しいです」と言うことです。

つぎに断るときも「今回は難しいです」でOKです。相手によっては、相手が納得する理由をつけたほうがいい場合もありますが、ほとんどの場合は、あれこれ理由を言わなくてもいいでしょう。

2つめは、相手が「どうしても」と言うときは、「～なら大丈夫」と条件つきで断ること。別な提案（相手にとって無理なこと）をして歩み寄りを見せれば、断りやすくなります。

3つめは、「ごめんなさいね。ちょっと難しそう」などと言って、一応、謝っても、過度な罪の意識をもたないこと。あまり引きずらないことです。さりげなく話題を変えてもいいかもしれません。

それでも、ああだ、こうだと言ってくる人は放っておけばいいでしょう。

それよりも、あなたが大切なことを大切にしてくれる人を、大切にしてください。

03 他人と比べること、競うことに無関心になる

最近、私は、生きるのがとてもラクになりました。

白状すると、20代から30代にかけて、「ものすごく生きづらい」と思っていた時期がありました。

その「生きづらさ」の理由の一つは、他人と自分をむやみに比べていたからです。

新卒で入った会社を半年で退職した私は、「楽しい仕事をするのがいちばん」なんて言いつつ、じつのところ、つぎつぎと転職していることに引け目を感じていました。

久しぶりに会った友だちに、「今、なんの仕事してるの？　いつもいろいろと仕事が変わっているけど……」と無邪気に言われて、ムダに傷ついていましたっ

け。

20代から30代の初めのころは、つぎつぎに結婚、出産していく友人や、職場でそれなりの居場所をつくっている友人たちを見て、「人は人、自分は自分」と自分に言い聞かせつつも、取り残されたような気がしたものです。

人にどう思われているんだろう？

ヘンに思われているんじゃないか？

私は、これで大丈夫なのか？　と、迷ったり、思い悩んだりすることに、ずいぶん多くの時間を使いました。今思えば、そんな「迷走時代」といえる時期があったからこそ、こうして本を書いていられるのですが。

「どうであろうと、自分の人生。やりたいことをやって生きよう」と自分の外側ではなく、自分の内側に目を向けるようになってからは、どんな自分も受け入れられ、「やりたいこと」「やらなくてもいいこと」がはっきりするようになりました。生きるのがラクになったのです。

デビュー作を書いたときも、ほかの作家の方々の本を読んで、「すごい知識だなぁ」「難しい言葉をよく知っているなぁ」と感心しましたが、それらと同じように書こうとは思いませんでした。

「自分は知識もないし、難しい言葉も知らない」と腹をくったからこそ、「そんな自分でも、多くの転職をしてわかったことがある。自分なら働く人を応援する本を書けるはず」と、そのことだけに集中できたのです。

台湾に留学したときも、中国語を流暢《りゅうちょう》に話せるようになっていく留学生仲間を「すごいなぁ」と尊敬のまなざしで見ていましたが、自分が中国語を熱心に勉強することはありませんでした。

大学院では、もっと大切にするべき自分の研究があったからです。

人と比べること自体は、悪いことだとは思いません。

比べることによって自分を確認するのは、ある意味、私たちのクセのようなものです。

私たちは幼いころから、人と比べられながら生きてきたし、資本主義の世の中では、人と比べることは、あたりまえすぎて、比べているということすら、忘れてしまっているかもしれません。

「営業で全国1位になる」という目標を掲げてがんばっている人もいるし、社員同士で比較されて、どちらが有能だとか、この仕事はどちらに任せたほうがいい、と言われることもあるでしょう。

比べること、比べられることは、社会で生きる宿命のようなものかもしれません。

ただ、それに一喜一憂しないことです。

比べているのは、ほんの一部分だけのことですから。

また、自分を基準に見て、「最近の若い人たちは……」なんていうのも、思い込みが強い証拠。「優れている・劣っている」「勝った・負けた」と一辺倒に考えるのは、世界観がちいさすぎます。

他人との比較は利用するものであって、振り回されるものでもありません。

生きていくことは、もっと大きな世界との対話です。

自分の人生を生きたいと思うなら、人と比べること、人と競うことに無関心になること。自分の価値を、他人との比較や評価で決めることも必要ありません。

他人のもっているものをもとうとする必要もありません。

あなたは自分の道を自分のペースで歩くことで、本領を発揮できることになっています。

あなたが目を向けるべきものは、自分の内側。

「自分はこの人生で、なにをしたいのか？」というテーマにとことん関心をもちましょう。自分を深めていきましょう。私たちの戦いは、他人が相手ではなく、自分が自分であるためにあるべきなのです。

04 「コントロールできないこと」は、明るく切り替える

「上司が、私がやったことを評価してくれないんです」

そう嘆いている女性がいました。その悩みは深刻なようで、おそらく友だちにも、そのことをグチり、家に帰っても、そのことを考えては、イライラ、モヤモヤしているのでしょう。

私の答えはこうです。

「そこ、考えるところじゃないから。考えるだけムダ！」

評価する、しないは、相手の問題。自分では、どうすることもできません。

もし、どうしても気になる、自分だけが評価されていないと感じているなら、「どうして評価されないのか？」について考えてみるといいでしょう。

自分のやっている仕事がズレているときは、修正すればいい。

「やっていることは問題ない。上司は私のことが、ただ気に食わないだけのようだ」というときは、もしかしたら、自分でも上司のことを嫌う態度をとっているのかもしれません。そこは、修正。

でも、評価されない原因が、上司の性格や価値観からきているなら、考えてもしょうがない。

性格を直すには遅すぎますし、そもそも、そんな必要もないでしょう。

放っておけばいいのです。

「今、やれることをやる」だけで十分。

私たちが、大切なことに向き合えない原因の一つは、自分で「コントロールできないこと」をあれこれ思い悩んでしまうことです。

たとえば、仕事をしない同僚。

納得のいかない会社の方針。

元カレにされた最悪の仕打ち。

友人に言われたキツイひと言……。

これらは、すべて「コントロールできないこと＝変えられないこと」なのに、心の中にどーんと居座って重くしています。

そのストレスを吐き出したり、紛らわせたりするのに、大切な時間とエネルギーを使うだけでなく、使う必要のないお金まで使ってしまうかもしれません。

しかも、そんなことをやっても、なにも進歩はありません。

あなたは、そんな相手のために、膨大なエネルギーを使っていいのですか？

もう少し、「コントロールできないこと」「コントロールできること」について考えてみましょう。

コントロールできない（変えられない）ことは、「他人のこと」「過去のこと」です。

コントロールできる（変えられる）ことは、「自分のこと」「今のこと」です。

「変えられないこと」をどれだけ考えても消耗するだけ。「忘れる」、もしくは、

ません。

「都合よく解釈して進む」のどちらかにしましょう。

「あんなことしなきゃよかった」と過去のことをクヨクヨ考えても、時間を戻せ

「ま、一つ勉強になった」と、スパッと切り替えて、〝今〟に向き合いましょう。

変えられない「他人」「過去」のなかから、「いいこと」「よかったこと」を一つだけでも見つけると、前に進みやすくなります。

「あんな人だけど、助けてくれることもあるのよね」「あんなことがあったから今がある」というように。

コントロールできない「他人」と「過去」は、明るく解釈することで、今を生きるための「使える材料」になるのです。どんどん利用させてもらいましょう。

05 つねに目的を見直す

目の前のことに集中することは大切です。

でも、ここで注意したいのは、〝手段〟と〝目的〟を混同してしまわないこと。目の前の小手先のことばかりに目が向いて、全体像が見えなくなってしまわないように気をつけましょう。

大切なことをやり遂げていくためには、最終的な目的から目を逸らさずに、進んでいくことが、とても重要なポイントなのです。

かつて試験のとき、ノートをコピーしたり、ノートをきれいにまとめたりすることだけに熱心になって、「ああ、今日はよくがんばった！」と、やった気になっていた人はいませんか？

たしかに、試験のために労力は使っていますが、「試験でいい点をとる」という目的に対しては、あまり成果は出ていないでしょう。

それは、〝手段〟だけに気をとられているということです。


仕事でも、〝手段〟と〝目的〟がごっちゃになってしまうことは、よくあること。

たとえば、ファストフード店などでマニュアル通りにきちんと話すことだけに熱心になり、笑顔がなく、感じの悪い接客になっている人がいるでしょう。

「お客様に気持ちのいいサービスをするため」の手段である「マニュアル」が、ここでも、目的になって、その結果、いちばん大切な〝目的〟を忘れてしまっているのです。


私たちは、やっている段階で、ときどき道をまちがえることがあります。

脱線してしまう。

ちがう方向に逸れてしまう。

目的地がちがってきてしまう……というように。

そうならないための方法は一つ。

最初の「〜したい」と思ったときの〝目的地〟から目を逸らさないようにすることです。

「初心、忘れるべからず」で振り出しにもどりましょう。最善の道に導かれていきますから。

シングルマザーである友人が、中学生、高校生の3人の息子たちのために、「朝食、お弁当、夕食はかならず手づくりする」と決めていたそうです。

ところが、仕事から急いで帰ってきて、毎日、食事をつくるのは、たいへん。イライラして、だんだん暗い顔になっていき、食事をするときの会話もほとんどない状態に……。

そんなある日、「これって、子どものためになっていない！」とハタと気づき、「今日は、外食にしよう！」

そう提案すると、子どもたちは大喜び。

「朝は仕事の準備でバタバタしているから、これから朝食と、お弁当は自分たちでつくってくれる？　後片付けもお願いね」

すると、子どもたちは、あっさり、「いいよー」。

一緒に台所に立つことで、会話も増え、家族が笑顔を取り戻していったとか。

彼女は、シングルマザーになった負い目から、子どもたちに負担をかけまいと、がんばっていたのですが、それよりも、子どもたちが喜ぶのは、お母さんの笑顔だったのです。

目的は一つ。手段（方法）は無限にあります。

「自分が決めたことは守る」というのは、すばらしい心がけですが、「ちょっとちがう？」と思ったときは、手段（方法）を柔軟に変えていけばいいのです。

大切な目的さえ、見失わなければ。

流されずに、目的を見据えて動いていくためには、いつも主体的であることが求められます。

「こんなことがしたい」「こうありたい」という大きな目的があることを忘れないでいてください。

06

ときどき、今いる場所から離れてみる

いつも「仕事を休めない」と言っている会社員の友人に聞いてみました。

「どうして、仕事を休めないの？」

「上司が仕事人間で、イヤな顔をするのよね。上司が、遅くまで残っているし、なかなか休んでくれないから、帰りたくても帰れないし、休みたくても休めないわけ……」

「その上司は、仕事のほかに、趣味とか、運動とかしてないの？」

「なにもしてないみたい。やることがないから、休みの日も会社に来ちゃうの」

ゾクリとする状況ですが、その職場では、それが「常識」にさえなっているのです。

私も以前、そんなワーカホリックの社長がいる職場で働いたことがあるので、よくわかります。

そこでは、仕事が深夜どころか、徹夜になることもしょっちゅう。「無駄に忙しくしている」といったほうがいいかもしれません。「それほど大事でないこと」にたっぷり時間をかけたり、ランチミーティングを何時間もやっていたりして、無駄な時間はたくさんあるのに、改めようとしない……。

そんな環境のなかにいると、それがあたりまえになって、ちがう感覚をもつことが、〝悪〟とさえ思えてきます。

私もしばらくは、「社長が忙しくしているのに、部下が帰るのは申し訳ない」と、付き合っていましたが、限界に近づいたある日、ハタと気づいたのです。

「なるほど。この社長は、忙しくしたい人なのだ。忙しくすることがうれしいのだ。私はちっともうれしくないから、帰ろう」

自分には、ほかにもやりたいことがある。そんな時間を死守するために、なんと言われても、その姿勢を見せていこう……。

最初は、「え？　もう帰るの？」という顔をされますが、にっこり「おつかれさまです～」と言って帰れば、そのうち、それも普通のこととして馴染んでいきます。流されないためには、自分の意思表示をしていくしかありません。

私たちは、今いる環境に合わせることで、安心してしまうことがあります。たとえば、会社の世界、友人同士の世界、狭い地域の世界……そんなちいさな世界だけの価値観や常識にとらわれて、自分の目的を見出せなくなったり、流されたりしてしまうのは、もったいないことです。

目の前のことに追われ、息つく間もなく毎日を過ごしていると、自分を見つめる時間もなく、優先順位もわからなくなって、だんだん心が荒んでいきます。

そうならないために、一日わずかでも「一人」になる時間をもつことをおすすめします。心を整える時間が必要なのです。

四六時中、家族や同僚など、人といっしょにいる人ほど、一人の時間は重要です。伸び伸びとした気持ちのなかで、自分と会議をするように問いかけてみましょう。


「あら、そこは、考えなくてもいいんじゃない？」

「もっと大切にすることがあるんじゃない？」

「あなた、本当のところは、どうしたいの？」

……というように。


そうすると、自分自身を客観視できて、全体像が見えてきます。

物理的に、今いる場所から離れてみるのもいいでしょう。

ときには現実から離れて、知らない場所に行ったり、自然に触れたりする時間も必要かもしれません。


「客観視すること」「俯瞰すること」で、悩みはちいさくなってくるはずです。

第6章

やることをやっていれば奇跡は起こる

01 奇跡を起こせる人は、大切なことに時間をかけた人

あなたは、「奇跡」というと、偶然が導いた超常現象のように思うかもしれません。

でも、私たちの身のまわりには、〝奇跡と呼びたくなること〟が、しばしば起こるものです。


「あの人が、あんな難関大学に受かるなんて」

「あの人が、あんなすごい成功をするなんて」

「あの人が、あんな素敵な人と結ばれるなんて」

「あの人が、あんな危機を乗り越えられるなんて」

「あの人が、あんなことができるようになるなんて」……というように。

そう、「あの人」は、奇跡が起こせるような行動をとってきたからです。

それだけでは説明がつかない偶然を含んでいたとしても、「あの人」がそうなってほしいと願い、そうなろうと動かなければ、そんな奇跡にはつながらなかったでしょう。

そんな大きな価値を手にした人たちに共通していえるのは、やはり、「やりたいことを優先して動いてきた」ということ。多くの人が、さまざまな方向に力を分散しているのに対して、彼らは、一つのことを信じて、ひたすら、それにエネルギーを注いできたということです。「運」や「ツキ」というのは、そんな祈りにも似た情熱が、なにかを突き動かして起こるのかもしれません。

TVを観ていて、「これぞ奇跡」と感動で震えたことがありました。それは、水泳で「100歳で1500メートル完泳」という100～104歳の部で世界初の快挙を成し遂げ、約30個の世界記録をもつ日本女性のドキュメンタリーでした。

〝奇跡〟と呼ぶのは、失礼かもしれません。

そこには、並々ならぬ努力と挫折がありました。

水泳もそうですが、彼女の人生は山あり谷あり。53歳で夫が他界したあと、寂しさを紛らわすために始めた趣味は能楽でした。

ところが、膝が悪くなり、能楽を続けたい一心で、80歳でリハビリのために水泳を始めます。自己流で試行錯誤しているうちに、85歳で日本新記録を樹立。自己記録をどんどん更新して、海外での世界大会にもつぎつぎと出場するようになりました。

彼女は、94歳まで働き、今も一人暮らしをしていて、重いリュックを背負って買い物をし、栄養いっぱいの料理をたくさんつくります。

「銀（メダル）じゃつまらん。金をとらにゃ！」と、銀メダルをとっても悔しがる、負けず嫌いです。

「100歳で1500メートル完泳」という〝奇跡〟は、「この人」であり「この歴史」があり、人に安易に頼らないことでついた体力や気力などの「力」が備わり、「それだけのことをやった」から、起こっているのでしょう。

「105歳まで泳ぎたい」という目標を、生活の中心に置いて生きているからこそ、緊張感をもって、規則正しい生活をし、健康な体と心を生み出しているともいえます。


正直、1500メートルを泳いでいる様子は苦しそうでした。最後は、やっと前に進んでいる状態でしたが、達成したあとは最高の笑顔。

人間の最大の幸せとは、富でも名誉でも、快楽でもなく、自分の命を実感できることなのかもしれません。


奇跡は、自然の法則にそむくことではありません。

むしろ、自然の法則に従うこと。

かならず、そこには、それなりの理由があります。

だから、やることをやっていれば奇跡は起こります。

あなたの人生にも、奇跡は訪れます。

あなたがやりたいことを実現したいのなら、当然、「そうなる予定」として、振る舞ってみてください。

大切なものに、十分な時間とエネルギーを注いでください。

そうすると、あなたは、本当に望んだものを手に入れられることになっていますから。

奇跡を起こせる人は、そんな奇跡を信じ続けて、前へ前へと進んできた人。

あなたができることを一つ、今すぐ、始めましょう。

02 奇跡を起こせる人は、奇跡を信じた人

奇跡を起こしている人に共通していることの一つは、そんな奇跡的なことを「きっとそうなる」と信じて疑わないことです。

多くの人は、「こんなことになったら最高」と思っても、「でも、無理だよね」と片付けてしまいます。信じられないから、奇跡が起きるわけはありません。

そして、〝無理〟と考えた途端、「能力がないからできない」「お金がないからできない」「助けてくれる人がいないからできない」など、「〇〇がない」という思い込みにとらわれてしまいます。

そんな思い込みを引きずったまま、なにかやろうとしても当然、うまくいくわけがなく、「やっぱり、思い通りになんてなるわけない」「奇跡的なことをやってのけるのは、特別な人だけだ」と信じられない気持ちが強化されていきます。

奇跡を起こす人は、「やればなんとかなる」を前提としているので、「○○がある」というサポートがどんどん集まってくるのです。信じる気持ちが、奇跡の波を引き起こすといってもいいでしょう。

私が「奇跡的なことをやってきた」と思う友人の一人が、もともとは3千円台で泊まる温泉旅館の経営から始まり、1泊30万円以上する究極のリゾートをつくった社長です。

最初の温泉旅館が苦境に陥るなか、50年前に「だれもが懐かしいと感じるふるさとの原風景を再現したい」と、茅葺屋根の古民家を移築して、昔ながらの集落のような宿をつくりました。これが温泉旅館ブームの火付け役に。

そして、20年前、東京ドーム13個分の土地を買い、自ら竹林、杉林を開墾して、5棟だけのヴィラを建てました。

「山ひとつを1組の宿泊客のためだけに貸し切りにする」「ヴィラには外との壁がなく、広大な自然を体感できる」「9割が自給自足で、最高の料理人が腕を振るう」など奇想天外のサービスは、多くの人の心をとらえ、何か月も先まで予約が取れないほどです。

だれもが最初は、「そんなこと、できるわけがない」ということばかりですが、そんな奇跡を現実にしてきたのは、たった一人が「これができたら最高」というより、「これは必要なことだ」と信じてきたからです。

お客様のために必要、地元の人のために必要、世界の観光業のために必要、いまの時代に必要……と熱い思いをもって動いているから、スタッフも一緒になって動き、地元の銀行から大手航空会社、政府まで動かしてしまうのです。

その社長に、「やりたいことを思いっきりやってきたから、後悔はないでしょう？」と聞いたことがありました。

「いや、ある。自分はなにをやっても、なんとかやれてこられた。でも、今、振り返ってみると、考えが足りなかった。もっと考えていたら、もっといいものができたと思うんだよ」

という答え。おそらく、そのときは精一杯考えてやってきたのでしょうが、今の自分から見ると、不十分だったということ。「これで十分」とは思えないから、つねに考え続け、挑戦し続けているのかもしれません。

奇跡的なことをやっている人は、とんでもなく明るい妄想をしながらも、一方で深く悩み考え続けています。「やるかどうか」という次元の悩みではなく、「どうしたら、それを実現できるのか」「もっといいものにすることはできないか」と、よりよい方法を見つけ、見通しを立てるために悩むのです。信じていることが〝確信〟に変わるまで。

人は、どんなことでも自由に「思う」ことができます。

そして、だれもが朝から晩まで、思ったことを現実にしています。

ありえないことでも「なんとかできるはず」と思えばなんとかできるし、「いやいや、ムリでしょ」と思えばけっしてできない。人生はすばらしいものだと思えば、すばらしいものになり、つまらないものだと思えば、つまらないものになる。人は想像すること、そうなると信じることで、日々の生活や人生を自由に創造しています。

だったら、信じたもの勝ち。自分を喜ばせる妄想を思いっきり描こうではありませんか。

03 奇跡を起こせる人は、ワクワクする方向を見ている人

「すばらしい力を発揮している」「しかも、楽しそうに生きている」といった幸せな人は、ワクワクするような〝興味〟や〝好奇心〟に素直に動いてきた人です。

人は興味があること、やりたいことに対しては、自然に考え、自然に動きます。

好奇心があれば、力を入れなくても、自然に力はわいてくるのです。

「なかなか夢中になれない」という人は、今やっていることが自分の心を動かすものではないのかもしれません。

興味がないことなら、それがどんなに「これをやったら、いいことがあるよ」と言われても、なかなか力はわいてこないでしょう。

どんなことに興味があるのかは、これまで「なにに目を向けてきたか」「なにに時間を使ってきたか」を考えればわかります。

たとえば、ファッションに興味のある人は、これまでも、ファッション雑誌を見たり、ショッピングをしたり、街では人の着ているものに目がいったりしていたでしょう。

食べ物に興味のある人は、食べ歩きをしたり、自分でもつくったり、食材に関してあれこれ調べたり、料理教室に通ったりしているかもしれません。

友人にMさんという男性がいます。

Mさんは、小学生のとき、いじめられっこで、成績はオール1。中学校を卒業するときは、かけ算の九九も全部言えなかったとか。

中卒で大工になって、両親も亡くなり、建設現場などで働いていました。

23歳のとき、恋人がもっていたアルベルト・アインシュタインのビデオを見たことから、「こんな世界があるのか」と物理学に興味をもち、大学進学を決意。

定時制高校から有名国立大学に合格して、大学院まで宇宙物理学の研究に没頭。36歳で、母校の高校教師になりました。

現在は、自分の体験をもとに、本の執筆や講演活動をしています。

びっくりするような展開のドラマです。

彼はものすごく努力してきたのだと思うのですが、力の入ったところはまるで見当たりません。

ただ、「やりたいことをやってきた」というすがすがしさがあるだけです。

好奇心旺盛な人に共通するのは、その根気強さ。やっていても結果が出ないこともあるし挫折しそうになることもあります。それでも、「その先にはきっといいものがあるはずだ」と関心をもち続けているから、なかなかあきらめないのでしょう。

あなたが、自分の夢や目標を現実にしていきたいと思うのなら、エネルギーがあふれ出てくる〝源泉〟を見つけることです。

そのためには、自分の心に正直になること。「見てみたい」「知りたい」「やってみたい」というワクワクする自分の気持ちを大切にすることです。

そうすれば、あなたが優先するものも、自ずとわかるようになります。

やりたいことをやっている人ほど、幸せな人はいないでしょう。

あなたがワクワクと「好奇心」をもてるものを発見できたら、それは、あなたを動かす〝目的〟と、〝力〟を、同時に手に入れたことになります。

ワクワクしている限り、新しい扉はつぎつぎに開き、私たちは前に進み続けます。

もし、「すぐにあきらめそうになってしまう」というときは、無理に力を出そうとするのではなく、あなたのやっていることの先にある喜びに目を向けてみるといいでしょう。

そんな明るい方向を見続けていれば、かならず思いは、まっしぐらに現実になっていくはずです。

04

奇跡を起こせる人は、動いている人

好奇心や興味のあることがいいとわかっていても、「そんなにワクワクするものが見つからない」「大切にしたいものはあるけれど、意欲がわかない」という人もいるかもしれません。

そんな人は、ともかく、動いてみることです。

動いていれば、かならず「心を動かすもの」に出合えます。

「へー、面白い」とか、「なるほどね～」とか、「すごいなぁ」とか……。

そんな感動を何度もしていれば、「もっと面白いものを発見しよう」とする感受性のアンテナは、どんどん研ぎ澄まされていきます。

そんな感受性は、人の生きる力であり、人生を楽しむ力といっていいでしょう。

いえ、だれでも、そんな気持ちは、子どものころから、もっているはずなのです。

ただ、今は、さまざまな大人の事情で忘れているだけです。

現代では、自分で感じようとしなくても、つぎからつぎに、なにか刺激的なものを与えてもらえます。自分で考えなくても、自分では集められないような情報をたくさん与えてもらえます。

テレビをつけたり、インターネットで検索したりすれば、私たちが知らないビジネスの世界も、ニッチでマニアックな趣味の世界も、世の中の動きも、すべて教えてもらえるでしょう。

でも、それで、わかったような気になってはいけません。

たとえば、旅のガイドブックを見ていても、それは、ほんの入り口。

現場に行かなければ、わからないことばかりです。

現場に行けば、「どうして、こうなのか？」と、つぎつぎに疑問がわいてきます。

人との出逢いから、感動したり、学んだりすることもあるでしょう。ビジネスのなかでも成長していく人は、そんな〝現場〟〝体験〟をとても大切にしています。

保険会社のある営業ウーマンは、かつて売り上げを伸ばすために、セミナーに通ったり、営業トークを研究したり、企画書をきれいにつくったりすることばかりに、熱心になっていたそうです。

しかし、まったく売り上げは伸びず、あるとき、ふと気づいたのです。

「現場のことをよく知って、感性を磨くほうが先だろう!」と。

そこで、自分の話をするよりも、相手の話をじっくり聞くことに努めることにしました。

すると、「相手が、なにを求めているのか?」「どんな話をしたら、興味をもってくれるのか?」「どんな話をしたら、引かれてしまうのか?」がよくわかってきたそうです。

それから、彼女の売り上げは、ぐんぐん伸び、その会社で全国1位になったとか。

感受性というのは、与えてもらおうとすると磨かれません。見る、聴く、触れる、味わう、匂いを嗅ぐなど五感を使って、現場で感じようとすることで、磨かれてくるものです。

たとえば、人間関係では、いろいろな人と接することで、感覚的にわかることがあります。「このタイプは、群れをつくって服従させたがる人だから、距離をとったほうがいい」「このタイプは、ていねいに話せば、わかってくれるし、それほどもめることもない」というように。

そんな〝ルール〟は、手足を動かして自分自身で気づくことによって、自分のなかに落とし込まれていきます。

人生のゲームを、楽しく、すばらしいものにしようと思うなら、そんなさまざまな〝ルール〟を知っておく必要があるのです。

世界は広く、未知なるものはたくさんあります。ワクワクすることに目を向けてみると、感動するものは、かならず見つかり、自分も動きたくなります。

すると、つぎつぎに気づくこと、学ぶことが出てきて、だんだんスムーズに動けるようになってきます。

すぐに動いて、感じることを繰り返していれば、自然に道は開けていくのです。

05

奇跡を起こせる人は、言い訳をしない人

奇跡を起こせる人は、言い訳をしない人です。

言い訳をしても、それがなんの得にもならないことを知っているからです。

人に対しても、できなかったことを、あれこれ言い訳をしません。

遅刻したときに、「電車が遅れちゃって」とも言わないし、締め切りになっても提出物ができていないことに、「最近、いろいろ忙しくて」なんて、自己弁護することはないでしょう。

やれなかったときは、「すみません」と言うだけです。

やりたいことに一歩を踏み出すときも、自分に言い訳をしません。

なにかのせいにしている限りは、けっして思いは実現できないのです。

私が会ったなかで「この方は奇跡的に生き延びてきた」と感じた一人は、50年以上前にアメリカやキューバ、アフリカに行き、公民権運動や現地の人の暮らしを撮り続けた日本の女性カメラマンでした。

現在は80歳を過ぎた女性に、だれもが疑問に思うことを聞いてみました。

「1ドルが360円だった時代、アフリカに行くことが困難だった時代に、どうしてそんなことができたんですか？」

「現地で写真を撮りたいと言っていたら、支援してくれる会社がいくつか出てきたの」

日本を代表する電機メーカーの社長から「キューバの革命家に取材ができるか？」と聞かれたときは、「もちろん、できます」と答えて、3か月でスペイン語を習得。取材には、日本製のトランジスタラジオを手土産にもっていったといいます。

ほとんど情報のなかったアフリカ西部を、一人で取材旅行していたときは、黄熱病にかかり、命が危ぶまれる思いをしたとか。

日本から「帰国せよ」と電報があっても、「帰国しません。旅を続けます」と返信。何度、危険な目に遭っても、生き延びてきたのは、「やると決めたことは、なんとしてでもやり通す」という信念からくるものでしょう。

「どうして、そんな勇気があるんですか？」と聞いたら、思いがけない答えが返ってきました。

「私は、鹿児島の女ですから」

私も含めて鹿児島の女性で、そのことを自信の糧にしている人はいないでしょう。できない理由、やめる理由はいくらでもあったはずなのに、「鹿児島の女は強いから、できるはず」と確固たる信念を持ち続けてきたことに、私は頭を打たれたような衝撃を覚えたのです。

奇跡を起こしている人は、「やる？」「できる？」と言われたら、状況が整っていなくても「やります」「できます」と答える。そんな波に乗って、行けるところまで行ってみる。そこにたどり着くと、今度はもっと大きな波がやってくる……。そんなことの繰り返しで、とんでもない場所に行きついている人です。

共通しているのは、ぜったいに言い訳をしないこと。むずかしいことでも、なんとしてでもやり切ろうとします。

できない言い訳をあれこれして「ムリです」「できません」と言っていたら、そこで終わり。声をかけられることもなくなるでしょう。

私は、「なにかのせいにする」というクセを、「なんのせいにもしない」というクセにしてから、人生が180度変わった、といっても過言ではありません。

これは、「自分にキビシイ」というわけではないのです。

なにかのせいにして心にわだかまりをもつところを、「やれる方法が見つかれば、なんとかなる」と心が軽くなり、希望がもてるようになったのです。

できない言い訳を考えると、つぎからつぎに出てきます。

「忙しいから」「お金がないから」「年だから」「能力がないから」というように。

でも、心配なことがあっても、見切り発車でＯＫ。やっているうちに、なんとかなるものです。

もちろん、うまくいかないこと、できないこともあります。

そこで、「さて、どうしようか」と考えます。

「どうしてもやりたい」ということなら、再度、新しい方法でやってみます。

修正すべき点は、改めます。疲れたら、いったん、休んでもいいでしょう。

そんなふうにふるいにかけたり、押したり引いたりしているうちに、本当に叶えたい夢や目標がはっきりと輪郭を現して、ずんずん近づいてくるのです。

言い訳をしないことは、人生のハンドルを自分で握ること、現実を100%受け入れて、都合よく利用することでもあります。

たとえば、大きな失敗をしたときも、「失敗したからできない」ではなく、「今、まちがって、よかった。今じゃなかったら、あとでもっとたいへんな目に遭うところだった」といいように考えます。

だれかに批判されても、「やめようかな」とブレーキをかけるのではなく、「そういう考えもあると、気づかせてもらえた」と都合よく解釈するのです。

ときには落ち込んだり、腹が立ったりすることがありますが、早めに忘れて前を向こうと思えば、だんだん気持ちも追いついてきます。
「これはこれでいい」と切り替えれば、前に進めます。
一つの物事をどう受け止めるかで、つぎの行動は、まったくちがってきます。
なにかのせいにして、心に負担がかかっていたら、力が発揮できるわけはありません。

運もツキも、前に進もうとしている人に集まるもの。
思いを叶えたい、自分を大切にしたいと思うなら、どんなことにも「それも結構」とつぶやき、前に進んでいきましょう。

06

奇跡を起こせる人は、つまずいても立ち上がる人

「やりたいことなのに、続かない」「なにかあると、すぐにあきらめてしまう」という人は、そのことがすんなり、スムーズにいくことばかりを予想していたのではないでしょうか。

すべてがカンタンに、スムーズにいくわけはありません。

完ぺきにやれるわけもありません。

やったことのないことを、やろうとしているんですから。

奇跡を起こせる人は、「思い通りにいかないことがあるのは、あたりまえ」という前提でやっています。

だから、少々つまずいても、「そんなこともある」と、また前を向いて進んでいけるのです。

つまずかないことよりも、つまずいても立ち上がって、淡々と進んでいくことが大事。

好きこのんで、つまずく人はいませんが、つまずいたほうが結果的に〝学び〟は得られます。

難しい状況、困った状況を通り抜けないと、わからないことがあるのです。

うまくいく方法を見つける、失敗するパターンに気づくなどの、わかりやすい学びだけでなく、もっと大切な学びは、些細なことに動じないやわらかい心が身につく、これまでにない視点をもてる、といった感覚的な学びかもしれません。

あなたに、やりたいこと、叶えたい目標があるなら、つまずいたときに、「そんなこともある」と考えてみてください。

つまずくことは、一つの〝チャンス〟でもあります。

あなたのまわりを見渡してみてください。

人生で、何度かつまずいたり、ギリギリの切羽詰まった状況を体験したりしている人ほど、成長しているのではないでしょうか。

とはいえ、つまずいたときは、しんどいもの。しんどすぎて、つまずいたままになってしまわないように、つぎの３つの対処方法をお伝えします。

まずは、「感情」を切り離して、「問題解決」だけを考えること

焦ってはいけません。他人を見るように、自分のことを客観的に「まあ、そうなるよね」と見てみましょう。

自分自身のこととして主観的に見ると、恐れや不安の感情にとらわれてしまいます。「客観的」というのは、「楽観的」にも似ています。

「さあ、どうしましょうかね」と淡々と目の前の問題解決に努め、楽観的に進んでいきましょう。

つぎに、人の助けを借りること。

やれないなら、やれる知恵をもっていそうな人に聞いてみましょう。解決方法が見つからなくても、話しているうちに、気がラクになったり、「そっか、こうすればいいわけね」と自分のことが客観的に見えて、問題が自己完結してしまう

ことあります。「だれかヒントを与えてくれる人はいないかな」と探していれば、必要な人が、ふと現れるものです。

最後は、ユーモアの力を借りること。

こんなときこそ、楽しみや面白さを見つけていくユーモアが必要。今置かれている状況から、楽しめることを一つつくったり、同僚や家族と面白い話をしたり、自分の状況をコントのように笑ってしまうのもいいでしょう。ユーモアは、どんな状況でもスムーズに進めていく力があるのです。

30代の友人で、5000万円を投資し、それをすべて失くしてしまったOLがいます。

5000万円といっても、現金ではありません。紙切れの借用書です。

その後、彼女は、「5000万円の借金を返す」という目的を最優先に生きてきました。「逃げたくない」と思ったからです。

当初は絶望的になったものの、ファイナンシャルプランナーの資格をとり、転職して、メンターとして尊敬する上司に巡り会えたことから、5年で借金を完済。

現在は、「私のように、お金で苦労する人をつくりたくない」という気持ちから、セミナーを開き、活躍しています。彼女は、つまずいたことが、大きな〝チャンス〟につながったのです。

〝試練〟……というと、辛くて苦しいイメージがありますが、「試され、練習している」ということ。そこから得られるものは計り知れません。

恐れることはありません。

どれだけつまずいても、人生は挽回できることになっています。

その渦中にいるときは辛くても、通り抜けると、これまでけっして見ることができなかった景色が広がっているはずです。

07 奇跡を起こせる人は、大切な人を大切にしている人

「奇跡のようなことが起こる」というのは、自分一人だけで起こせるわけではありません。自分一人でできることなんて、ほとんどないでしょう。食べること、暮らすこと、仕事をすること、遊ぶこと……多くの人が土台をつくってくれたり、関わってくれたりしているから、できること。「運」というのも、どこからか降ってわいてくるわけではなく、さまざまな人間関係によってもたらされるものです。

〝奇跡〟として、自分のことを書くのはたいへんおこがましいのですが、私は本を書き始めてから十数年、奇跡がずっと続いているような気がしています。奇跡のもっとも大きな要因は、出逢う人に恵まれていたことです。

いえ、「大切にしたい」と思う人を大切にしていたら、ひょっこり奇跡的なことが起こる……ということかもしれません。

著者デビューをしたのも、旅先で出版社社長に出逢ったのがきっかけ。当時はジャーナリスト志望だったので、ビジネス本を扱っている社長と仕事で関わることはないだろうと思っていました。

それでも、めったに会うことはできないような尊敬できる人だったので、「この人との縁は大切にしたい」と、ときどき連絡をしたり、会ったりしているうちに、デビュー作を出版してもらうことになったのです。

いま考えても、特別な知識や経験ももっていない、無名の人間が、本を出したことは奇跡としか言いようがありません。

また、テレビや本のなかで秘かに尊敬していた人たちと、実際に会うようになって、一緒に仕事をしたり、友人になったりした奇跡もあります。

それも、これまで一緒に仕事をしたり、見守ってきたりしてくれただれかが、「こんな仕事してみる?」「こんな人に会ってみる?」と、そのきっかけをつくってくれたからです。

先日は、ある有名ユーチューバーが私の本を取り上げてくれるという奇跡が起きました。その方にはどれだけ感謝してもしきれないほどですが、そんな奇跡が起きたのは、本の製作や販売に関わってくれた人、これまで支えてくれた家族や友人、読者がいたからこそ。一人一人の手を握って「ありがとう！」と感謝してまわりたい気持ちです。

奇跡的な出来事は、いつも人間関係の〝畑〟が土台になっていて、ちゃんと耕していれば、ひょっこり大きな花が咲いていたり、おいしい実がなったりするのです。自分でもびっくりするほど。

どれだけすばらしい能力の〝種〟をもっている人でも、人間関係の畑に目を向けず、放置していては、花を咲かせることはできないでしょう。

人を大切にしない人は、まわりからも大切にされず、だんだん人が離れていきます。無関心だったり、横柄だったりと、人をぞんざいに扱う人に対して、まわりも「なにかしてあげたい」という気持ちにはならないでしょう。足を引っ張られることがあるのも当然のなりゆきです。

相手の態度は、自分の鏡。まわりから大切にされない人は、自分もまわりの人を大切にしていないはずです。


「人を大切にする」といっても、だれに対してもいい顔をするというわけではありません。自分を犠牲にして、相手の言いなりになることでもありません。

一つのポイントは、どんな人にも失礼な態度はとらないこと。つまり、好かれなくても、相手に不快な思いをさせないように、丁寧に接するのです。

挨拶をしない、返事をしない、人によって態度を変える、横柄な振る舞いをするなど失礼な人はどこにでもいるものですが、多くは相手の気持ちを考えず、損得や立場で人を判断するから、そんな言動になってしまうのです。

だれと、どこでどう転んで、素敵な展開が起こるかわかりません。

目の前にいる人には、どんな相手でも礼儀をもって「あなたを大切にしています」というメッセージを送りましょう。

年下や、立場の弱い人も尊重して、感謝と敬意を示しましょう。

それで嫌われたら、相手の問題なので、放っておけばいいのです。

二つ目は、相手の顔を見て、楽しくなる言葉で語り合うこと。

どれだけ相手を大切に思っていても、言葉と態度にしないと伝わりません。目線を合わせて話すこと、「一緒にいると心地いい」「楽しい」「心強い」など、いい感情を積み重ねることが、信頼関係になっていきます。そんな土台があって、一緒に怒ったり、悩んだり、厳しいことを言ってくれたりするほどの深い関係になります。

とくに身近な人には、意識して目を向けることが大切です。

そんなことはあたりまえのようですが、大切な相手ほど、安心しきって目を向けず、さほど親しくない人にばかりいい顔をしていることは、往々にしてあるのです。

足元を見てみると、ありのままの自分を受け入れてくれたり、応援してくれたりする人がいるはずです。手を差し伸べようとしてくれる人もいます。

少数でも、そんな人たちを大切にすることが、相手からも大切にされて、自分を生かしていくことにもつながると思うのです。

三つ目のポイントは、「だれかに貢献する自分」を喜び、大切にすること。

人間は、自分のためだけではなく、人のためにこそ本領を発揮できるのです。自分一人のことであれば、さほどがんばれず、「もういいや」とあきらめてしまうことも、「あの人が喜んでくれるから」「あの人の力になりたいから」と、だれかのためになろうとするとき、大きな力がわいてきます。

だれかが喜んでくれたり、応援してくれたりすることで、心強くなります。家族に食事を作るとき、友人や恋人のプレゼントを選ぶとき、職場の会食をセッティングするとき、お客様が喜んでくれるとき、困っている人を助けるとき、どんなことであれ、だれかの力になることは、自分自身の喜びや誇りになるからです。

奇跡を起こすためには、自分のやりたいことを、自分自身のためだけでなく、人のために行うこと。人の幸せに貢献することを自分の幸せとして生きられたら、世界が味方をしてくれるのではないでしょうか。

第7章

あなたは、なりたい自分になる

01 今のあなたは、「なりたかった自分」

あなたはいつも、最善のことを選んできました。

人は、自分が嫌がる選択はしないものです。

たとえ、迷ったり、悔やんだりした結果の選択であっても、そのとき、そのときにそれを実行したということは、「それしかなかった」ということなのでしょう。

かならず、それなりの理由、というものがあります。

そして、これまでやってきたことは、あなたが、自分に対して無意識に考えている「自分はこんな人間だ」という〝自己イメージ〟がもとになっています。

今のあなたは、「なりたかった自分」ともいえるでしょう。

「いや、ちがう」と言っても、そんな選択をしたのですから、やっぱり、心の奥ではそうなりたかったのです。

私は、かつて会社員として働いていたとき、こんな未来の自分を想像していました。

「そこそこ、いい仕事をして、そこそこ、楽しく遊ぶ。そこそこの貯金をして、そこそこに満たされた老後を送る……」

それまで多くの転職経験をして、人生はそんなに甘くない、多くを求めず、今ある生活に満足することが幸せのヒケツだ、と思い込んでいたのです。

でも、心の奥にいる私は、どこかで納得していませんでした。

「ねえ。あなたの人生、本当に、そこそこで手を打っていいの？」

いつも、そうささやいていたのです。

そんな折、突然の失業で、描いていた人生設計が脆くも崩れてしまいました。

そこで、ふと「旅をしながら、取材や執筆をして生きていこう！」と思い立ち、その日から、私の生活はまったく変わりました。

まず、読む本の種類、新聞のなかで目が行く欄が、変わりました。

日頃の服装、話す言葉も内容も変わってきました。

「会いたい」と思う人も変わり、出かけて行く場所も変わりました。

目を向けるもの、やっていることが、これまでと、まったくちがってきたのです。

もしかしたら、顔の表情も変わっていたかもしれません。

自分へのイメージを「やりたいことをやる自分」に変えたとたん、やっている行動や、自分から発するエネルギーが、まったく変わってきたわけです。

人は、だれでも、無意識に、「自分はこんな人間だ」という〝自己イメージ〟をもって生きているものです。そして、それに従って行動します。

幼いころ、「あなたは、いい子ね」と言われていたら、当然、いい子であるように振る舞ったことでしょう。

会社で「○○さんは、きっちり仕事をしてくれる人だ」と言われていたら、そんな人であろうとします。逆に、いつも遅刻する人は、自分を「時間を守れない人」として見ているから、これからも、同じ行動をとるでしょう。

そんなふうに、よくも悪くも、〝自己イメージ〟がもとになって、行動を選んでいるのです。

それは、安心する世界だからです。自分の想定できる世界のなかで生きるのは、とってもラク。自分にとってありえない選択をしようとすると、なんだか心地よくありません。

でも、考えてみてください。

「自分はこんな人間だ」というイメージは、勝手な妄想に過ぎないのです。

「こうありたい自分」に制限はありません。自由自在に変えられます。

「自分らしく生きる」というのは、自分の心に正直に、自由に行きたい方向を選択していくことでもあります。

ある若い男性編集者に、こんな質問をしてみました。

「どうして、この仕事を選んだの？」

「学生時代、本を読むことが大っ嫌いだったんです。でも、そのままの自分でいることはイヤだった。大っ嫌いなことをやったら、自分の殻が破れて、大きな人間になれるような気がしたんです」

たいへん思い切った選択ですが、彼は今、有能な編集者として活躍しています。

「今も、本を読むのは嫌い？」

「とんでもない。毎月、何十冊も読んでいますよ。楽しくてしょうがないですから」

もし、あなたが、「このままじゃイヤ」「もっと、こんな生き方をしてみたい」と思うなら、「やりたいことをやる自分」をイメージしてください。

そして、そのイメージから行動を選択してください。

5年、10年たったとき、まったくちがう人生があるはずですから。

02

あなたは、自分ですぐに選択できる人

あなたは、これから「なりたい自分」になるための選択ができる人です。

「なりたい自分」になるためには、大きなエネルギーはいりません。大きな能力もいりません。

大切なことをいちばんに優先して、すぐに行動に移せばいいのです。

それでも、あなたは、「やれる自信がない……」なんて、思っていませんか？

でも、やれるかどうかの自信なんて、そもそも、根拠のないもの。

やるための「自信があるか」「自信がないか」ということを、じっくり考えようとすると、「うーん……」となってしまうことも多いでしょう。

だから、考えすぎる前に、「動くこと」です。

一つの行動に絞って考えると、「やる」「やらない」の選択しかありません。

どちらを選択するのも自由。

目の前のことは、ちいさなことでしょうから、どちらも〝できること〟です。

どっちも〝できること〟なら、「やる」ほうをとったほうがいいでしょう?

そのほうが、気分がいいですから。


作家の宇野千代さん(故人)は、『おはん』という長編小説を書いたあと、ぴたりと筆が止まり、1行も書けなくなったそうです。

「私にはもう書けない。枯渇する年齢に達したのだ」

60歳にして、そんな思いに至り、それから17~18年、書けなくなってしまったのです。

ところが、あるとき、師と仰ぐ中村天風先生に、こう言われました。

「人間は自分に与えた暗示の通りになる。できないと思うものは、できない。できると信念することは、どんなことでもできる」

「本当？」と、2、3行書いてみたら、「おや？　書ける」。

「ひょっとしたら、私は書けるのではあるまいか」

そう思ったとたん、長い間、書けなかったのが嘘のように、書き始めたとか。

晩年の作品のほうが、生命力にあふれ、多くの文学賞を受賞しています。


自信なんていうものは、ひょんな拍子にわいてくるものかもしれません。


「私はなにもできない」「私は根性がない」「私は長続きできない」「私はもう年だからできない」……そんなふうに言っておけば、ラクかもしれません。

その通りの自分でいることに安心し、自分にがっかりすることもありません。

でも、本当はやれるかもしれないのに、やらないなんて、つまらない。自分はどこまで行けるか、試してみたほうが楽しいではありませんか。

失敗しても、間違ってもいい。思い残すことなく、生きたほうがカッコいいと思うのです。

宇野千代さんの足元にも及びませんが、私も書けなくなることがあります。どんな仕事をしていても、続けていれば、「壁のようなもの」に突き当たることはあるでしょう。

実際は壁なんてないのですが、あるとき、ふと、「できない?」と思ってしまうのです。

そんなときも、いつものように同じ時間、パソコンに向かい、駄文でも打ち続けます。

そして、天に祈るようにつぶやくのです。

「私はちゃんと、やることはやっていますよ。サボってませんよ。だから、早くいい文章を降ろしてください」と。

やっていれば、かならず〝そのとき〟はやってくると、わかっているからです。

私は、宇野千代さんの人間の本質をついている、こんな言葉が好きです。

人間とは動く動物である。
生きるとは動くことである。
生きている限り毎日、
体を動かさなければならない。
心を動かさなければならない。

『幸福の法則一日一言』（海竜社）

せっかく動くなら、あなたの動きたい方向に動いてください。

03 年齢で「優先順位」は変わる

「ロールモデルがいない」と、ときどき嘆く人がいます。

会社のなかで「こんなふうに働きたい」、社会のなかで「こんなふうに生活したい」と思える人がいない。お手本にする人を見つけたいのに、それを実践している人がいないと。

それは当然。かつての時代は、「こうあるのが男（女）の幸せ」「こう生きれば安心」といったある一定の基準がありましたが、時代が変わり、生き方が多様化してきたために、私たち一人ひとりの前を歩いている人は、いないのです。

しかし、これは、歓迎すべきことだと、私は思っています。

世の中の「〜であるべき」に合わせて生きていくなんて、〝自分を生きている〟といえるのでしょうか。

傷つかずに生きることばかりを考えているから、本当の喜びを見失ってしまうのです。

では、なにを拠り所として生きていけばいいのか？

それは、自分の〝心〟です。

自分の感じること、思うことを道標にして生きていくよりほかありません。

幸せな生き方に、ルールはありません。

世界のどこに住んでもいいし、どんな仕事をしてもいい。結婚してもしなくてもいい。どんなふうに時間を過ごしてもいいし、いくらお金をもち、どんな使い方をするかも自由です。

ただし、生きていくために、社会のルールを知って、折り合いをつけていく必要はあります。

生きている以上、経済活動をすること、まわりの人とつながっていくことも必要でしょう。

しかし、それとは別に、自分のなかに「こうありたい」という〝哲学〟をもっておく必要があるのです。

それは、人が与えてくれるものではなく、自分でつくっていくものです。

100％お手本になる人がいなくても、「ここはマネしたい」という人はいるでしょう。

歴史が証明していることや、大切にしたい文化や習慣もあります。そんなものを参考にしたり、いろいろなものを見たり聞いたりして、自分なりの教科書をつくっていけばいいのです。

あなたが「優先するもの」は、だれかが決めてくれるものでもなく、自分自身で決めるものです。人それぞれちがいますが、時間の使い方は、大きく分けると、つぎの4つではないでしょうか。

「生きる（経済活動）」

「愛する（愛情生活）」

「学ぶ・楽しむ（自己実現）」

「与える（社会貢献）」


人生は、つねに優先順位が変わっていきます。

自分のもっているもの、生きている環境が変わっていくのですから。

20代のころは、生きるための経済活動に必死でも、そのうち家庭や子どもをもち、愛を育んでいく生活が中心になるかもしれません。年を重ねると、「人のためになにか役に立ちたい」と社会貢献活動をし始める人も多いものです。

すべての時間が大切、という人もいるし、どこかに偏っている人もいるでしょう。それも自由。

「大切にするもの」は、自分の心に従って、素直に選べばいいのです。

ただ、これらはすべてつながっている、ともいえます。

経済活動を生活の中心に置こうとすると、ほかのものを犠牲にしてでも、寸暇を惜しんで働こうとするものですが、長期的にみると、適度に遊ぶことが、仕事にもいい影響を与えるものです。

また、愛情のある生活をすることで、仕事もがんばれる、ということもあるでしょう。

やりたい仕事をすることで、すべての活動をやっている人もいます。

なんだかんだひっくるめて、そのとき、そのときで柔軟に大切なものを選んだり、優先順位を決めたりして、一つひとつ実行していけばいい。

あなたの人生を彩り、楽しむための活動をしていけばいいのです。

04

そのとき、そのときで、「優先順位」は変わる

さわやかに晴れ渡った春の夕方のことでした。

空気が澄み切って、暑くも寒くもない。こんな日の夕暮れは、年に何度も訪れないと確信した瞬間、私は、外に飛び出し、近くの公園までの道のりを歩いていました。

仕事はたくさんありました。送らなきゃいけないメールもある。それでも、なんとかなる。

「この夕暮れを楽しむこと以上の優先事項はないでしょう！」と思えてきたのです。

てくてくと歩き、赤色から青色に染まっていく夕暮れの景色を見ながら、公園

のベンチに座っていると、ふんわりとしたタンポポの綿毛が風にのって、目の前を通り過ぎていきました。

そのとき、なんともいえない幸福感に、じんわりと包まれたのです。それは、「あぁ、生きていてよかった」と感謝できるほど、満たされた夕暮れでした。

どうして、そんな気持ちになったのかは、よくわかりません。

でも、「今、ここで、このことを優先してよかった」と、はっきりと思ったのでした。

忙しい毎日を送っていると、そんな「なんでもないことで、幸せを感じる」という時間がなくなっているのかもしれません。「なにを優先する？」と言われれば、仕事のこと、家庭のこと、自分の趣味のことなど、なにかを「解決する」「達成する」ということが中心になっていきます。

でも、ときには、「なにはさておいても」ということがあってもいいと思うのです。

それは、心が、それを「求めている」ということですから。

「優先順位」を決めるのには、頭で考えるのではなく、心で感じることが必要です。

私は、自分の気持ちに従って、〝突然〟の行動をすることが好きです。「今、本を読みたい」「今、温泉に行きたい」「今、料理をしたい」「今、あなたと話したい」というように。

その気持ちが熱いうち、冷めないうちに、やってしまったほうが、いちばん、すんなり行動でき、喜びも大きいからです。

やりたいことをすぐにするためには、先の予定を決めすぎず、ゆるく考えておくほうがいい。予定でぎっちり埋めてしまうと、それをこなすだけで精一杯になって、心の余裕がなくなってしまいます。行動には、〝鮮度〟があるのです。

もう一つ。優先事項をまちがえないポイントは、「大きな喜びがあるのはどちらか」で考えるといいでしょう。

たとえば、「今テレビドラマを観たい」と思っても、目の前になにかの試験が迫っているとしたら、「テレビを観る喜び」よりも、「試験に合格する喜び」のほうが大きいでしょう。

だから、勉強をすることが先。

「今は仕事が忙しい」と思っても、健康診断で「要再検査」が出たとしたら、「今、仕事ができる喜び」よりも、「これから先、ずっと健康で仕事ができる喜び」のほうが大きい。

だから、病院で検査を受けることが先。

いつも仕事を最優先にしてきた高校教師の友人が、息子が入院して、初めて1週間、休みをもらったそうです。

「これまで子どもがちいさいときも、休んだことはなかった。絶対に休んじゃいけないと思い込んでいたけど、案外、なんとかなる。今、息子に付き添っていられて、本当によかった」

彼女は、〝立場〟として大切なことより、自分の〝人生〟で大切なことを大切にしたのです。

優先順位は、そのとき、そのときで変わります。

あなたにとって「大きな喜び」があるほうを、柔軟に選んでください。

05 人生の満足度は、「優先すべき大切なもの」をもっているかで決まる

私もかつて、「先のことなんて思い描けない。これから、どうなるんだろう」と不安に思っている一人でした。漠然とやりたいことがあっても、「このままでもいいじゃないか」と、ぬるい環境に甘んじて、一歩を踏み出せないこともありました。

生活のためにと、時間を切り売りするアルバイトをしているときは、何度も時計を見てはため息をつき、「解放されるまで、あと3時間。この時間が、早く過ぎますように」と祈っていました。

やみくもに働いているときは、気がつけば金曜日。体を休めるために休日を過ごし、すぐに月曜日がくる。毎日があっという間で、「今年1年、一体なにをしたんだろう」と思うこともありました。

あれこれやってたどり着いたのは、人生の価値というのは、時間では測れないということ。

なにをして、なにを感じたかが、人生の満足につながっていく。

一つひとつ、一瞬一瞬の喜びが、人生の幸せにつながっていく。

そのために、自分のなかで「優先すべき大切なもの」をもっておく必要があると。

「大切にすること」を目的にすれば、ほかのことも、そのための手段として意味をもってきます。たとえ、時間を切り売りする仕事であっても、「大切なことをするために必要なこと。せっかくなら、それも楽しんでしまおう」と発想を変えるようになります。

辛いことやプレッシャーのかかることがあっても、「ははぁ、これも一つの試験問題ってことね」と、逃げずに、飛び込んでいけるようになります。

同じ仕事でも、同じ状況でも、目の前のことは面白くなっていきます。

そんな一瞬一瞬をもてたら、幸せだと思いませんか？

最後にもう一度、あなたに伝えたいのは、「思いを現実にする」という〝よろこび〟は、それを達成したときよりも、それを達成する道のりのなかに、たくさん散りばめられているということ。

あなたには、それを感じ取ってほしいのです。

幸せは、「なること」ではありません。

毎日の生活のなかから「感じ取ること」です。

自分の人生を大切にしている人は、自分の「優先順位」をちゃんとわかっています。

だから、「それほど大切でないもの」を手放すこともできるし、目の前の「大切なこと」を最初に実行しようとします。

先送りにしてはもったいない。今やるべきことを、今しないと、「よろこびは減る」と、無意識にわかっているからです。

「大切なこと」に手抜きもしません。手抜きをしてはもったいない。「楽しみや喜びが減る」と、無意識にわかっているのです。

そして、すぐに実行したり、ていねいにやったり、工夫したり、面白がったりしているうちに、幸せを感じ取る瞬間は、何度も訪れます。

人生のなかで、ひょっこり起こる偶然も、予定外の成り行きも、大いに楽しんでください。

先のことがわからないから、人生の道のりは一層、楽しくなるのです。


どんな人生であろうと、今の自分に与えられたものがあります。

それは、生まれた環境であったり、受けてきた教育であったり、容姿や体の状態であったり。やってきた経験も人それぞれでしょう。

「恵まれている」とか「恵まれていない」とかは関係ありません。

そんな自分の〝財産〟をもとに、あなたの人生を喜びであふれるものにしていってほしい。大切なことのために一歩踏み出し、あなたの思いを、つぎつぎに現実にしてほしいと思います。

あなたには、やれることはあるはずです。

いえ、あなたにしかやれないことがあるはずです。

そして、あなたには、思いを叶える力があります。

さあ、そろそろ、あなたのなかには、動き始める心の準備ができたのではないでしょうか。

人生の主人公は、あなた。ここからが、新しい舞台の幕開けです。

あなただけの明るいスポットライトを浴びて、伸び伸びと輝いてください。

著者紹介

有川真由美（ありかわ　まゆみ）

鹿児島県姶良《あいら》市出身。台湾国立高雄第一科技大学修士課程修了。作家・写真家。化粧品会社事務、塾講師、衣料品店店長、着物着付け講師、ブライダルコーディネーター、フリー情報誌編集者など多くの転職経験を生かし、働く女性のアドバイザー的存在として書籍や雑誌などで執筆。
著書に、ベストセラーとなった『感情の整理ができる女《ひと》は、うまくいく』『30歳から伸びる女《ひと》、30歳で止まる女《ひと》』『一緒にいると楽しい人、疲れる人』『なぜか話しかけたくなる人、ならない人』（以上、ＰＨＰ研究所）や、『遠回りがいちばん遠くまで行ける』（幻冬舎）、『感情に振りまわされない――働く女《ひと》のお金のルール』（きずな出版）等がある。

この作品は、2015年８月にＰＨＰ研究所から刊行された『やりたいことは、今すぐにやれ！』を改題し、加筆・修正したものです。

ＰＨＰ文庫　やりたいことを今すぐやれば、人生はうまくいく

2020年12月15日　第１版第１刷

著　者　有川真由美
発行者　後藤淳一
発行所　株式会社ＰＨＰ研究所
東京本部　〒135-8137　江東区豊洲5-6-52
ＰＨＰ文庫出版部　☎03-3520-9617(編集)
普及部　☎03-3520-9630(販売)
京都本部　〒601-8411　京都市南区西九条北ノ内町11

PHP INTERFACE　https://www.php.co.jp/

組　版　株式会社PHPエディターズ・グループ
印刷所
製本所　図書印刷株式会社

 ISBN978-4-569-90089-6

PHP文庫

感情の整理ができる女《ひと》は、うまくいく

有川真由美 著

怒り、嫉妬、好き嫌い……感情に流される女性は、仕事も人生も実は大損してしまう！ マイナス感情を整理して、素敵に幸せをつかむヒント。